成语说史系列

成语说

资治通鉴

4 三国鼎立

刘娟 ◎ 著

人民文学出版社

图书在版编目(CIP)数据

成语说《资治通鉴》. 4，三国鼎立/刘娟著. —
北京：人民文学出版社，2023
　（成语说史系列）
　ISBN 978-7-02-017977-0

Ⅰ.①成…　Ⅱ.①刘…　Ⅲ.①《资治通鉴》-少儿读
物　Ⅳ.①K204.3-49

中国国家版本馆 CIP 数据核字(2023)第 079810 号

责任编辑　胡司棋　邱小群
装帧设计　李苗苗

出版发行　人民文学出版社
社　　址　北京市朝内大街 166 号
邮政编码　100705

印　　制　上海盛通时代印刷有限公司
经　　销　全国新华书店等

字　　数　229 千字
开　　本　720 毫米×1000 毫米　1/16
印　　张　19
版　　次　2023 年 7 月北京第 1 版
印　　次　2023 年 7 月第 1 次印刷

书　　号　978-7-02-017977-0
定　　价　75.00 元

如有印装质量问题，请与本社图书销售中心调换。电话：010－65233595

　　为响应国家关于"传承发展中华优秀传统文化，增强国家文化软实力"的伟大战略，将博大精深的中华传统文化普及到少年儿童群体中，我们倾力打造"成语说史"系列图书，最先推出的便是这套《成语说〈资治通鉴〉》。

　　《资治通鉴》是中国第一部编年体通史，共294卷，300多万字，与《史记》合称"史学双璧"，是了解中国古代历史的必读书，虽已经司马光之手，"删削冗长，举撮机要"，但仍"网罗宏富，体大思精"，令人望而生畏。而成语是中国独有的语言资源，是连通文史的钥匙，短小精悍的形式承载着丰厚的历史文化内涵，体现了中华民族积淀千年的智慧和核心价值观。为了让孩子们读懂并喜欢上《资治通鉴》，了解成语背后的历史语境，从而更好地掌握和运用成语，我们精心制作了这套《成语说〈资治通鉴〉》。

　　《成语说〈资治通鉴〉》共8册，是一套连续的历史故事集，通过成语这个载体把卷帙浩繁的大部头史书变成358个引人入胜的故事，鲜活地演绎了从周威烈王二十三年（公元前 403 年）到后周世宗显德六年（公元 959 年）共 1362 年的朝代更替、历史兴衰、人事沧桑。

考虑到少年儿童的认知水平和阅读特点，在尊重历史的大前提下，这套书对史料进行了科学的剪裁，用通俗易懂的语言，通过大量的人物对话，模拟事件发生的场景，把历史上的重要人物和重大事件生动地呈现出来。在这里，历史不是一个个事件和人名组成的，而是有着丰富的细节。

为了避免让整个历史读起来碎片化，这套书尤其注重历史事件的连续性和系统性，按照时间的顺序，讲究由小故事串起大事件，用大事件演绎大时代。故事与故事之间，相互承传、次序分明，有条不紊地把历史推向纵深，帮助少年儿童真实、立体地感知历史发展的脉络，进而树立"通史"意识：历史是连贯的，有继承，有发展。

一千多个成语既是帮助读者打开厚重"通史"之门的钥匙，也是记录历史故事的载体，甚至是历史故事本身。"成语 + 通史"的组合，无疑是一种全新的探索，为中华优秀传统文化的传承提供了一种新颖的形式。

此外，这套书还针对重要的历史地名做了相应的注释，帮助少年儿童从空间坐标上更好地理解时间坐标上的历史。

简言之，这套《成语说〈资治通鉴〉》采用"点—线"结合的呈现方式，以成语为媒介，循序渐进地展现了中国古代历史的整体面貌。"点"是具体、生动的历史事实，"线"是历史发展的基本线索，以"线"穿"点"，以"点"连"线"，让孩子们在掌握历史事实的基础上，通过史事之间的相互关系，建立时序意识和时空观念，获得对历史发展的整体性认识。

历史不仅是一门学科，一类知识，更是一种定义，了解历史对个人乃至国家都具有重要意义。历史学家钱穆先生曾经说过这样的话："任何一国之国民，尤其是自称知识在水平线以上之国民，对其本国已往历史，应该略有所知。否则最多只算一有知识的人，不能算一有知识的国民。"

有鉴于此，我们希望通过这套《成语说〈资治通鉴〉》，帮助我们的孩子更好地了解中国历史，学习中国传统文化，做一个真正的中国人。

目录

一 扬汤止沸「董卓进京立威」…………… 1/2

二 死不瞑目「关东联军一盘散沙」………… 9/10

三 仰人鼻息「袁绍诓走大冀州」…………… 17/18

四 道路以目「被点天灯第一人」…………… 25/26

五 临难苟免「王允变得有点儿飘」………… 34/35

六 命世之才「失而复得夺兖州」…………… 41/42

七 一栖两雄「献帝惊天大逃亡」…………… 48/49

八 乃心王室「挟天子以令诸侯」…………… 56/57

九 升堂拜母「小霸王横扫江东」…………… 63/64

十 不知丁董「大耳朵的家伙不可信」……… 71/72

十一 迅雷风烈「青梅煮酒论英雄」………… 80/81

十二 多疑少决「仇人相见分外亲」………… 87/88

十三 色厉胆薄「袁曹官渡决战」…………… 94/95

十四 兵贵神速「一战踏破乌桓」…………… 103/104

十五 三顾茅庐「诸葛亮出山」……………… 110/111

十六 不习水土「周瑜火烧赤壁」…………… 119/120

十七 传檄而定「大家都来看曹操」………… 127/128

十八 逆取顺守「刘备抢了益州」…………… 134/135

十九　刮目相看「吕蒙白衣渡江」……142/143

二十　怅然自失「哭来的江山」……150/151

二十一　忍辱负重「陆逊火烧连营」……159/160

二十二　集思广益「诸葛亮七擒孟获」……167/168

二十三　指天为誓「孙权忽悠魏文帝」……174/175

二十四　言过其实「马谡丢了街亭」……182/183

二十五　出其不意「周鲂断发诱敌」……189/190

二十六　夙兴夜寐「死诸葛吓走活仲达」……196/197

二十七　出类拔萃「蒋琬做了接班人」……205/206

二十八　义形于色「两个牛人吵翻天」……212/213

二十九　所向无前「司马懿的巅峰之战」……219/220

三十　厝火积薪「馅饼砸中曹爽」……226/227

三十一　趋时附势「司马懿装病夺权」……234/235

三十二　磐石之固「太子、鲁王两败俱伤」……243/244

三十三　晏然自若「败家神童诸葛恪」……250/251

三十四　司马昭之心，路人皆知「曹魏最后的血性」……257/258

三十五　表里受敌「诸葛家的一条『狗』」……266/267

三十六　尺寸之功「快马加鞭当天子」……274/275

三十七　鱼贯而入「邓艾奇袭阴平」……282/283

三十八　乐不思蜀「刘禅说他很快乐」……289/290

【 扬汤止沸 】

《资治通鉴·汉纪五十一》

董卓闻召，即时就道，并上书曰："中常侍张让等，窃幸承宠，浊乱海内。臣闻扬汤止沸，莫若支薪；溃痈（yōng）虽痛，胜于内食。昔赵鞅兴晋阳之甲以逐君侧之恶，今臣辄鸣钟鼓如雒阳，请收让等以清奸秽！"

译　文

董卓接到何进召他进京的命令，立刻率军出发，同时上书说："中常侍张让等人，利用皇上的宠幸，扰乱天下。我曾听说，把锅里开着的水舀起来再倒回去，使它凉下来不沸腾，不如抽去锅底的柴火。挤破皮肤上的疮痈虽然疼痛，但好过向内侵蚀五脏六腑。从前晋国的赵鞅统率晋阳的军队以清除君王身边的恶人，如今我则敲响钟鼓前往洛阳，请求逮捕张让等人，以清除奸邪！"

董卓进京立威

　　董卓是陇西临洮人。临洮地处偏远，与西北的羌人部落相邻。董家是当地的富户，董卓自小就习武，为人粗野又凶狠，乡人都不敢惹他。后来，他仗着家里有些钱，经常到羌人居住的地方游历。那些羌人首领见他出手阔绰，都争着与他结交。渐渐地，董卓成了凉州一带有名的豪强，当地人都对他敬畏三分。

　　但是董卓并不满足于此，他想到凉州之外的广阔天地去施展身手，就用心与陇西的地方官结交。当时，朝廷无力解决多年来西羌反复叛乱的问题，打算借助地方豪强的力量对付羌人，当地官员便推举了董卓。董卓利用自己对羌人的了解，策划了合理的作战方案，很快平定西羌叛乱。

　　后来，北地郡①的先零羌在首领边章和韩遂的带领下再次叛乱，朝廷又派董卓去镇压。这一回，双方军队相持很久，都被拖得精疲力竭，仍然分不出胜负。

　　一天晚上，静谧的夜空中突然划过一道长长的流星，像火光一般照亮了黑夜，边章、韩遂军营中的战马受到惊吓，嘶鸣不已。熟睡中的士兵被惊醒，他们认为流星是不祥之兆，加上久战不胜，于是士气低落。董卓得知后，马上召集将士，对叛军来了一个合兵夹击，终于大获全胜。

---

① 治所在今宁夏吴忠西南。

第二年，韩遂又集结十万余人进攻陇西，拿下陇西后，他又攻打三辅地区，一直攻到陈仓。叛军势如破竹，长安与洛阳都危在旦夕。朝廷惊慌失措，连忙拜董卓为前将军，让他与左将军皇甫嵩一起抵抗叛军。很快，董卓率军大败韩遂。

几次平叛，让董卓加官晋爵，在朝野有了举足轻重的地位。更重要的是，由于长期在凉州作战，董卓培植了一支由羌人、胡人和汉人组成的混合军队，战斗力非常强，且忠心耿耿。

这样一来，朝廷就对董卓不放心了，先后几次征召他进京任职。董卓精明着呢，他知道朝廷忌惮自己，想借机夺他的兵权，于是每次都找理由拒绝，说："这些羌兵跟我久了，现在听说我要走，都来拖住我的马，不让我走。羌人凶狠狡诈，我担心自己一旦离开，他们就会起来闹事。"朝廷拿他没办法。

灵帝病重时还惦记着董卓这个心腹大患，又征召他做并州牧，让他把军队交给皇甫嵩指挥。

董卓当然不肯，假模假样上书说："皇上啊，将士们跟了我十几年，他们舍不得我，希望一直跟着我。如果真要我去并州，请求皇上准许我把军队带到那儿，以保护边疆的安全。"

灵帝下诏责备他，他不但不怕，反而变本加厉，率领军队进驻河东，窥探时局的变化。

皇甫嵩的侄子皇甫郦看出董卓的坏心思，就向皇甫嵩建议："董卓公然拒绝朝廷征召，看样子他是想造反呢，不如我们发兵讨伐他。"

皇甫嵩却摇头说："董卓抗旨有罪，但我们不上报朝廷就擅自讨伐他，不也有罪吗？"于是上书向朝廷奏明情况，请求裁夺，可灵帝还没来得及下诏就驾崩了。

董卓听说皇甫嵩告了自己的黑状，恨得牙痒痒，不过灵帝的死

讯，让他暂时打消了找皇甫嵩麻烦的念头，转而密切地关注朝廷的动静。

让董卓没想到的是，一个天大的惊喜毫无征兆地砸到了他的头上：何进竟然让他带兵入京，诛杀宦官。接到命令的那一刻，他心里乐开了花："哈哈，机会终于来了！"

董卓赶紧写了份奏章表明态度："张让那些宦官都是奸人，利用皇上对他们的宠幸，为非作歹，扰乱天下。我曾听说，扬汤止沸，不如釜底抽薪。挤破皮肤上的疮痈虽然疼痛，但总好过向内侵蚀五脏六腑。所以，我现在带着兵马，日夜兼程赶往洛阳，打算诛除张让等人！"他派信使骑快马进京送奏章，自己也召集人马往洛阳赶。

然而，董卓的军队刚走到半路，信使就回来报告说："京城出大乱子啦！先是大将军何进被宦官杀了，后来司隶校尉袁绍又把宦官几乎杀了个精光。"

董卓吓了一跳，忙问："皇上呢？"

"皇上被张让劫走后，又被大臣抢了回去，现在应该在回洛阳的路上。"

董卓当即下令，全速前进，果然，快到洛阳北边的邙山①时，发现了少帝一行，少帝正被一群臣子簇拥着。

董卓赶紧下马，跑到少帝跟前，跪拜下去："董卓前来救驾！"

经历了两天两夜的奔波，十四岁的少帝已经脆弱不堪，见到一脸凶相的董卓和他身后那么多将士，吓得"哇"的一声大哭起来。大臣们早就听说了董卓的凶狠，见他带着这么多兵，都很不安。一名大臣壮着胆子对董卓说："皇上现在安全了，快把你的军队往后撤，别惊扰了圣驾。"

---

① 在今河南洛阳市东北。

董卓瞪了他一眼，张口骂道："你们这些做大臣的，不能辅佐皇室，导致皇帝在外逃亡。还好我董卓及时前来救驾，你们却不知好歹叫我撤退，你们配吗！"大臣们听了，知道他来者不善，都暗暗叫苦。

董卓又转而对少帝说："皇上别怕，我是来保护您的。这到底是怎么回事呀？"少帝很害怕，结结巴巴叙述事情的经过，可说着说着，又忍不住哭了起来。

董卓见少帝哭哭啼啼，语无伦次，有些不耐烦。这时，站在一旁的陈留王刘协上前轻声安慰少帝，然后将事情一五一十地告诉了董卓。刘协当时虽然才九岁，但是思路清晰，口齿伶俐，说得有板有眼。董卓顿时对刘协产生了好感，加上他是由灵帝的母亲董太后抚养长大，而董卓自认为和董太后是同族，一个念头在他脑中一闪："刘协这个娃娃聪明冷静，一点儿也不怯场，比那个小皇帝强多了！他才应该当皇帝啊。"

当天，董卓的军队进入洛阳城，少帝一行也回到了宫中。骑都尉鲍信就劝袁绍说："董卓是个野心勃勃的家伙，这次带兵入京，肯定不安好心。不如趁他刚到，人马都疲惫，派人马偷袭他，以绝后患。"袁绍此时也意识到自己可能引狼入室，但他不知道董卓到底带来多少兵，不敢贸然行动。

其实，董卓进京时只带了三千精兵，他知道这点儿兵力没有震慑力，便让军队夜里悄悄出城，第二天早上再大张旗鼓地开进洛阳，每隔四五天就重复一次。洛阳城里的人以为董卓从凉州调来了很多援军，都很害怕。

蒙骗只是权宜之计，董卓心里清楚，必须尽快充实自己的兵力。他先是火速接收了何进的军队，接着又花重金收买了执金吾丁原[1]

---

[1]　丁原的官职本是武猛都尉，被何进召进京诛杀宦官，却被何太后制止，后被拜为执金吾。

的心腹干将吕布，让他杀了丁原，从而吞并了丁原的军队。这样，整个京师的兵权都集中在了董卓手中。

董卓知道光有兵还不够，必须重用名士，收买人心。他听说蔡邕很有名望，只因遭到宦官的迫害，才流亡江湖十几年，就征召蔡邕入朝。蔡邕不想和董卓这种人扯上关系，就自称有病，不肯前来。董卓大怒，威胁要把蔡家灭族。蔡邕非常恐惧，只得应征。董卓见了蔡邕，欢喜万分，三天给他升了三次官，最后任命他为侍中。

如此这般之后，董卓就开始考虑废立皇帝了。别的人同不同意，他不在乎，可袁绍不一样，袁家历代都有人做高官，在朝野极有威望，所以他先找来袁绍，说："皇帝应当由贤明的人担任。我看陈留王刘协不错，打算改立他为皇帝。如果他也不能胜任，这江山也就没必要再姓刘了！"

袁绍大吃一惊，马上反驳道："汉朝统治了三百多年，深得百姓拥戴。现在皇帝还小，并没有犯什么过错，怎么能说废就废呢？您如果一意孤行，恐怕天下人都不会答应！"

董卓恼羞成怒，手按刀柄，呵斥道："小子，你胆敢这样跟我说话！天下大事，难道不是我说了算吗？我要改立皇帝，谁敢不服从？你是不是以为我董卓的刀不锋利，砍不下你的脑袋？"

袁绍也大怒，把佩刀横过来，说道："天下的英雄豪杰，难道只有你董公一个人吗？"说完，作了一个揖，大踏步走了出去。

董卓恨不得追上去，一刀将袁绍劈成两半，但顾虑到袁绍出身名门，在京城根基深厚，而自己初来乍到，便没敢杀他。

袁绍回家后，意识到京城不宜久留，连夜逃往冀州。

袁绍的反对并不能阻止董卓废立皇帝之心。很快，董卓召集群臣商议这件事。他蛮横地说："皇帝懦弱无能，没有资格做天下的君主。为汉室的江山考虑，我想改立陈留王为皇帝。"

百官十分惶恐，没人敢回答。董卓又高声说："有谁胆敢反对，就以军法处置！"众人更加惊恐，只有尚书卢植站出来反对。董卓大怒，要砍他的头。幸亏蔡邕等人求情，卢植才得以保住性命，逃出京城。

董卓见反对的人都走了，便逼迫何太后颁布诏书，废黜少帝刘辩，封弘农王，改立陈留王刘协为皇帝，他就是汉献帝。

成 语 学 习 ①

扬 汤 止 沸

　　把锅里开着的水舀起来再倒回去，使它凉下来不沸腾。比喻办法不彻底，不能从根本上解决问题。

造　句：	头痛医头，脚痛医脚，这只是
	扬汤止沸的方法，无法彻底解
	决问题。
近义词：	抱薪救火
反义词：	釜底抽薪

---

① 这个故事的原文里还有成语"覆水难收"（覆，倒。倒在地上的水难以收回。比喻事情已成定局，无法挽回）。

【 死不瞑目 】

《资治通鉴·汉纪五十二》

坚还屯，卓遣将军李傕（jué）说坚，欲与和亲，令坚疏子弟任刺史、郡守者，许表用之。坚曰："卓逆天无道，今不夷汝三族，县示四海，则吾死不瞑目，岂将与乃和亲邪！"

译　文

孙坚回到驻地，董卓派部将李傕游说孙坚，表示愿意与他结成儿女亲家，并要孙坚把孙家子弟中想做刺史、太守的，开列一张名单，由他推荐任用。孙坚气得大骂："董卓逆天无道，我今天要是不能灭你三族，昭示天下，那么我死了也不会闭眼，怎会与你这种人结亲！"

关东联军一盘散沙

董卓废了少帝，不久又派人将何太后和少帝母子俩都杀死。接着，他变着花样给自己封官，先是升自己为太尉，成为三公之一，掌管全国的军事大权；过了一段时间，又拜自己为相国，跃居三公之首；相国没当多久，他又不满足了，任命自己为太师。这样一来，全国的军队、朝中的大臣、国库里的珍宝，都在董卓的掌握之中。

不过，董卓也有点儿自知之明，他担心自己坏事干多了，天下人会指指点点，就想收买人心。为此，他拉拢司徒黄琬、司空杨彪，又命人重新审理当年陈蕃、窦武等"党人"的案件，为他们恢复名誉，让他们的子孙出来做官。不久，董卓采纳尚书周毖（bì）的建议，纠正桓帝、灵帝时的弊政，征召荀爽等名士入朝任职。

然而没过多久，董卓就恢复了他凶残的本性。有一次，一位大臣向董卓汇报工作，因为没有按规定解下佩剑，当场就被他打死。他还经常纵容士兵冲进洛阳城的皇亲国戚家里抢掠金银财宝、掳夺妇女，整个京城被搅得鸡犬不宁。

董卓的倒行逆施引起了天下人的愤慨，英雄豪杰们聚在一起，商议着起兵讨伐董卓。这其中除了被迫逃离京城的袁绍、袁术兄弟，还有和他们打小一块长大的好友——曹操。

曹操，字孟德，也是豪门子弟。可是，他的养祖父曹腾是桓帝朝的大宦官，父亲曹嵩花重金买了一个太尉的官职。这种家庭背景，在东汉那个讲究门第出身的年代，是非常不体面的，加上曹操生性狡黠，喜欢惹是生非，因此很多人都不看好他。

当时有个叫许劭的名士，定期举办"月旦^①评"，专门评点当时人的道德、品行、才识等素质。一个人如果能得到许劭的正面评价，马上身价百倍。于是，曹操千方百计找到许劭，问他："您看我是一个什么样的人？"许劭一开始不愿说，实在被曹操逼得没办法，才说道："要是在治世，你会是一个能干的臣子；要是在乱世，你就是一个奸诈的英雄。"

许劭的话挺不客气的，曹操却如获至宝。果然，许劭的点评让许多文人士大夫对曹操刮目相看，不少人还跑来和他结交。后来曹操被拜为骑都尉，与名将皇甫嵩一起讨伐黄巾军，并立下战功。灵帝设置西园八校尉时，曹操被任命为典军校尉，成为皇室核心武装力量的八位将领之一。

正当曹操准备宏图大展时，却传来了袁绍兄弟逃跑的消息。曹操平时和他们往来密切，担心董卓不会放过自己，便也逃出京城。

董卓便悬赏重金捉拿他们三人，并向各地下发了缉捕公文。有人就劝董卓："废立皇帝这种大事，普通人是没办法理解的。袁绍不识时务，得罪了您，因为害怕才逃走，并不是有别的想法。如果您悬赏抓他，反而会激起他与您对抗到底的决心。袁家四世三公，门客部属遍天下。他要是想招揽人才来对抗您，响应的人肯定不计其数，其他豪杰也会趁机起事。与其这样，还不如免了袁绍的罪，给他封个官当。"

董卓觉得有道理，便任命袁绍为勃海^②太守，赐给他爵位，又拜袁术为后将军，曹操为骁骑校尉。

袁绍于是去了勃海。袁术却因为害怕，逃到了南阳，不久与也

---

① 农历每月初一。
② 即渤海。位于今辽东半岛与山东半岛之间。

来到南阳的长沙太守孙坚合兵一处。曹操也拒绝了董卓的拉拢，改名换姓，抄小路逃往家乡陈留郡。经过中牟县时，亭长见他神色匆匆，怀疑他有问题，就捉起来送到县里。这时，县里也收到董卓先前下发的缉捕公文，一名小吏心知他是曹操，却打算放他一马，就劝县令说："现在天下大乱，您不应该拘捕英雄豪杰。"于是县令释放了他。曹操这才顺利逃回家乡，他变卖家产，招募勇士，很快就拉起了一支五千人的军队。

初平元年（公元190年）正月，函谷关以东的各州郡纷纷起兵讨伐董卓。众人推荐家世显赫的袁绍为盟主，驻军河内，冀州牧韩馥留守邺城，负责供应粮草。其他几位，如兖（yǎn）州[①]刺史刘岱、陈留太守张邈、济北国相鲍信和曹操都驻扎在酸枣[②]，袁术、孙坚则驻守鲁阳[③]。

虽然关东联军声势浩大，毕竟董卓的实力摆在那里，袁绍这个盟主心里有点儿没底，就问曹操："假如大事不成，有什么地方可以据守？"曹操反问："你觉得呢？"袁绍想了半天，才说："真到了那一步，我打算南据黄河，北靠燕、代之地，召集北方蛮族兵力，向南争夺天下，应该可以成功吧！你会选择哪里？"曹操笑了笑，说："我任用天下的贤才，在什么地方都成。"

鲍信听说了这番对话，非常感慨，私下里对曹操说："依我看呀，在关东联军的各位将领中，要说谋略超群、能力挽狂澜的人，只有阁下您了。假如不是这种人才，尽管表面上看起来强大，却注定要失败。您恐怕是上天派来的吧！"曹操听了，笑而不语。

董卓得到消息，打算大规模征兵去镇压关东联军，有人就对他说："那袁绍不过是个公子哥儿，压根就没有打仗的经验，其他几个

① 西汉武帝所置十三刺史部之一。辖境相当于今山东西南部及河南东部地区。
② 今河南延津西南。
③ 今河南鲁山。

首领也没有什么本事。这些人虽然组成联军，但各自打着小算盘，根本不可能齐心协力。您放心，一旦将来临阵交锋，这些人绝不是您的对手。所以，现在没必要兴师动众征兵，否则那些怕服兵役的人就会借机作乱。"

董卓这才作罢，但他见关东联军声势浩大，打算避其锋芒，把京城从洛阳迁到长安。为了把洛阳的财富全都运到长安，他派人逮捕洛阳城中的富人，随便捏造一个罪名处死，然后把他们的财产全部没收。

到了出发那天，董卓命令步兵、骑兵驱赶数百万百姓上路。沿途马踏人踩，互相拥挤，加上饥饿，不断有人死去。

董卓不想让官员和百姓返回洛阳，便下令焚烧所有宫殿、官署及百姓房屋。大火连烧了几天几夜，将昔日繁华的洛阳化为一片灰烬。不仅如此，董卓还命部将吕布带兵去挖历代皇帝的陵寝，以及达官显贵们的墓地，搜罗陪葬的奇珍异宝。之后，他就把长安的大小事务交给司徒王允负责，自己则留在洛阳对付关东联军。

为了震慑群臣，挫伤关东联军的锐气，董卓杀死了袁绍的叔父、太傅袁隗以及袁家上下五十多口人，连刚出生的婴儿也没放过。

噩耗传来，袁绍悲痛万分，但哭归哭，他却按兵不动，关东联军的其他将领也不吭声。曹操实在看不下去，便跑去对袁绍说："我们是来诛除暴乱的，大军已经集结，诸位还等什么？如果董卓假借皇帝的名义，前来讨伐我们，尽管他凶残无道，我们还是会在道义上吃亏。可现在，董卓烧毁宫殿，强迫天子迁徙，倒行逆施，这不正是上天赐给我们消灭他的好时机吗？"

袁绍不说发兵，也不说不发兵。曹操气极了，扔下一句"你不打，我打！"就率军向西进发。

曹操的军队行进到荥阳汴水时，遇到董卓的部将徐荣的军队，

双方展开了激烈的搏杀。曹操虽然人少兵弱，却咬牙奋战了一整天，但最后还是败给徐荣。激战中，曹操被流箭射中，骑的马也受了伤，堂弟曹洪把马让给他，他不肯接受。曹洪苦劝道："天下可以没有曹洪，却不可以没有您！"曹操这才上马。

曹操狼狈地逃回酸枣，见联军各路人马仍在那里喝酒玩游戏，他愤怒极了，斥责道："我们号称义兵，却一直躲着不敢战斗，我真为你们感到羞耻！"于是跑到扬州去招募新兵，得到一千多人，回来后驻扎在河内郡。

董卓听说关东联军内部一盘散沙，便派使者前去劝说袁绍归顺。袁绍虽然不进取，却也不想投靠董卓遭人唾弃，于是将使者斩杀。

董卓见软的不行，只好来硬的。这年冬天，他派出数万人马攻打驻扎在鲁阳的孙坚。

消息传来时，孙坚正与将士们在城外喝酒聊天。将士们都很紧张，想赶紧撤回城内，孙坚却淡淡说道："众将士切勿妄动。"然后继续谈笑风生。等到董卓的骑兵越聚越多，他才慢慢起身，指挥大家有序入城。

董卓的人马见孙坚部队严整，怀疑城内有伏兵，吓得退了回去。孙坚就率军移驻梁县以东，把东郡太守胡轸杀得狼狈不堪，胡轸的得力干将华雄也被孙坚斩杀。

这时有人忌妒孙坚的战功，跑去对袁术说："照这样下去，孙坚很可能会攻占洛阳，到那时，他的势力就会大到无法控制，他将成为另一个董卓。"

袁术被这么一挑拨，也疑惑起来，就不再给孙坚供应军粮。孙坚很愤怒，连夜赶去见袁术，说："董卓杀了你们袁家五十多口人，我和董卓却没有个人恩怨，我之所以拼死与他交战，往大了说，是为国家讨伐逆贼，往小了说，是为将军您报私仇。然而，您却听信奸人的挑拨来猜忌我，这是为什么？"袁术听了，既惭愧，又不安，立即调发军粮给孙坚。

孙坚于是返回了驻地。刚进军营，就有人来报告说，董卓的使者来了。原来董卓见孙坚打起仗来不要命，十分欣赏，便派使者前来游说，希望与孙坚结成儿女亲家，并许诺给孙家子弟加官晋爵。

在孙坚看来，这番游说简直是对他人格的侮辱，他拍案大骂道："董卓你这个不要脸的老贼，竟敢做结亲的白日梦！今天要是不能灭你三族，我死不瞑目！"他立即命令全军向洛阳进发，并很快抵达距离洛阳九十里的大谷。

董卓大惊，披甲上阵，亲自率军迎战。岂料，孙坚的将士个个威猛无比，杀得董卓的士兵丢盔弃甲，退到了渑池。

孙坚率军继续向洛阳进发，将吕布的军队也打得灰头土脸。孙坚仍不罢休，又乘胜分兵到渑池，打算将董卓赶尽杀绝。

董卓听说后，叹道："那些关东联军的将领都是酒囊饭袋，只有这个孙坚有点儿本事，可惜跟了袁术这种草包。以后大家遇到孙坚要小心点儿！"他派军队驻守在渑池、华阴等地，自己则带兵前往长安。

死 不 瞑 目

瞑目，闭眼。死了也不闭眼。原指人死的时候心里还有放不下的事。现常用来形容极不甘心。

造　句："有生之年如果看不到台湾回到祖国的怀抱，我死不瞑目。"一位台湾老兵这样对记者说。	
近义词：抱恨终天	
反义词：死而无憾	

---

① 这个故事的原文里还有成语"逆天无道"（违反天理，毫无道义）、"略不世出"（谋略高明，世所少有）、"拨乱反正"（消除混乱局面，恢复正常秩序）、"坐不窥堂"（端坐不斜视，专心一意）、"清谈高论"（高妙清正而空泛不实的言论）、"嘘枯吹生"（枯了的吹气使生长，生长着的吹气使枯干。比喻在言论中有批评的，有表扬的。后指能说会道）、"临锋决敌"（面对兵锋与敌决胜）、"同心共胆"（心志一致）。

〖 仰人鼻息 〗

《资治通鉴·汉纪五十二》

　　馥长史耿武、别驾闵纯、治中李历闻而谏曰："冀州带甲百万，谷支十年。袁绍孤客穷军，仰我鼻息，譬如婴儿在股掌之上，绝其哺乳，立可饿杀，奈何欲以州与之！"馥曰："吾袁氏故吏，且才不如本初，度德而让，古人所贵，诸君独何病焉！"

译　文

　　韩馥的长史耿武、别驾闵纯、治中李历得到消息，劝阻韩馥："冀州兵力强劲，可以集结起百万大军，粮草充足，所存粮食够吃十年。袁绍只有一支孤立无援而缺乏给养的客军，仰仗我们的呼吸来生存，好像怀抱中的婴儿，如果断了他的奶，立刻就会饿死，为什么要把冀州交给他呢！"韩馥叹道："我本来是袁家的下属，方方面面都不如袁绍，知道自己的能力不足而让贤，这是古人称赞的行为，你们为什么偏要反对呢？"

袁绍诓走大冀州

孙坚出发去讨伐董卓时，关东联军的盟主袁绍正和将领们商议拥立新皇帝的事呢。

袁绍先扫了一眼众将，清了清嗓子，威严地说："当今皇帝年纪小，被董卓控制，又远在长安，现在是死是活都不知道，我们最好另立皇帝。"

冀州牧韩馥附和道："对，北方的幽州牧刘虞是刘姓宗室中最贤德的，我们立他为皇帝吧。"

大多数将领表示同意，只有曹操大声反对："怎么能这样做呢？我们之所以起兵，并且得到各地的积极响应，是因为我们是正义之师。当今皇帝虽然被董卓控制，可他并没有犯下什么过错，如果你们改立别人，天下人会怎么议论关东联军？如果你们坚持立北方的刘虞，你们就去立好了，我只认当今的皇帝。"

曹操当时没什么实力，因此袁绍和韩馥并不在意他的话，他们想征求实力较强的袁术的意见，于是写信给他。

袁术虽然是袁绍的堂弟，却因为自己是嫡子，一向瞧不起庶出的袁绍，兄弟不和已经很久了。而且，袁术暗中怀有称帝的野心，认为立年长的刘虞对自己不利，便义正词严地拒绝了。

袁绍不甘心，再次给袁术写信，苦口婆心地劝说："如果拥立刘虞，我们就能重新过上太平日子，你为什么不同意呢？再说，我们袁氏五十多口人都被当今皇帝杀了，难道你不希望报仇雪恨吗？"

袁术不客气地反驳道："杀我们全家的是董卓，怎么能把这笔账算在当今皇帝头上！我现在只想诛杀董卓，其他事暂不考虑！"

韩馥见袁家兄弟这"笔战"打得没完没了，就建议道："我们干脆直接派使者去幽州，向刘虞奉上皇帝的尊号。"

不料，剃头挑子一头热，刘虞对朝廷忠心耿耿，把袁绍和韩馥臭骂了一通："现在天下大乱，皇帝正在长安受苦受难，你们打着义军的旗号抢占地盘，不想着怎么为朝廷效力，反而策划这种逆谋之事来玷污我的名誉！如果你们敢逼我，我就逃到匈奴去，你们一辈子都休想再见到我！"

关东联军的将领见新皇帝立不成，便将心思转移到抢地盘、扩充自己的实力上。袁绍也对土地肥沃、人口众多的冀州动了心思，却顾忌实力强劲的韩馥。

谋士逢纪就劝他说："韩馥这个人靠不住，之前他就因为忌妒大家拥戴您为盟主，偷偷减少对您的军粮供应。您必须有自己的根据地，如果能得到冀州，就再好不过了。"

袁绍点了点头说："这个道理我也懂，只是冀州兵强，而我的军队又饥又累，一旦失败，那我连立足之地都没有了。"

逢纪出了个主意，说："您不妨秘密联络公孙瓒（zàn），让他发兵攻打冀州。韩馥是个庸才，一定会吓得半死，到时我们再派人前去游说，劝他把冀州让给您。"

公孙瓒是辽西人，在与乌桓部落的战斗中立了功，当上了降虏校尉。后来，朝廷派刘虞担任幽州牧，负责讨伐乌桓部落。刘虞为人宽厚，在用恩义招降了乌桓部落后，就把征集来的各部队全部遣散，只留下公孙瓒的一万步骑兵。这让一直主张用武力消灭乌桓部落的公孙瓒十分不爽，因此他一接到袁绍的信，就立即率领军队攻打冀州。

果然，韩馥慌了手脚，接连派兵抵抗，但都失败而归。正当韩馥一筹莫展时，袁绍的谋士荀谌等人就来求见了。

荀谌一进门，就忧心忡忡地对韩馥说："听说公孙瓒率军南下，锐不可当，我们真为将军您担忧啊！"

韩馥早已心乱如麻，连忙问："我该怎么办呢？"

荀谌说："您自己想想，论宽厚仁义，让天下豪杰甘心归附，您比得上袁绍吗？"

韩馥想都不想，说："比不上。"

荀谌又问："临危不乱，遇事果断，智勇过人，您比得上袁绍吗？"

韩馥摇了摇头，说："比不上。"

荀谌再问："几代以来，广布恩德，使天下人受惠，您比得上袁绍吗？"

韩馥低下头，说："比不上。"

荀谌就说："袁绍是这个时代的人中豪杰，既然您三方面都不如他，他又是将军您的好朋友，何不把冀州让给他？公孙瓒害怕袁绍，一定会退兵的。这样您不但解了眼下的危局，保全了自己，还能得到让贤的美名。"

韩馥本来就是个胆小怕事的人，禁不住他们左一句、右一句地劝，就打算答应。部将耿武等人赶忙劝阻："我们兵力强劲，集结起百万大军不成问题，粮草也充足，够吃十年，而那袁绍无非是出身好，才被大家推举为盟主，其实他根本没什么能力。现在他只有一支孤立无援、缺乏给养的客军，仰我鼻息，好像怀抱中的婴儿，如果断了他的奶，立刻就会饿死，为什么要把冀州交给他呢！"

韩馥叹道："我本来就是袁家的老部下，方方面面都比不上他，冀州让给他是最好的出路，你们别劝了。"

不费一兵一卒就得到冀州，袁绍十分兴奋，便以皇帝的名义任命韩馥为奋威将军，却不给他一兵一卒，也没派给他任何下属，反倒给自己配了豪华的武将团队，成员有沮授、审配、田丰，还组建了一个智囊团，由许攸、逢纪、荀谌负责出谋划策。

曹操听说这事后，叹息了很久。鲍信就对他说："袁绍身为盟主，不想着好好保护王室，却一门心思为自己谋私利，我看他早晚要成为第二个董卓。不过，我们目前实力太弱，真要对抗，我们肯定不是他的对手。不如先到黄河以南去发展，等待形势变化。"

曹操于是率军前往东郡。袁绍虽然不满曹操在拥立皇帝的事上和自己唱反调，但是他正因为得到冀州而高兴，就做了个顺水人情，向朝廷推荐曹操担任东郡太守。

袁绍得了冀州后，内心非常膨胀，就想教训教训他那不听话的堂弟袁术。他趁孙坚外出攻打董卓时，攻占了孙坚的驻地阳城。孙坚急忙率军回救。袁术得到消息，就派公孙瓒的堂弟公孙越率领一千骑兵去援助孙坚。

公孙越为什么会在袁术那儿呢？原来公孙瓒恼恨刘虞，就派堂弟公孙越前往袁术处，想挑唆袁术和刘虞的关系。

可没想到，公孙越不小心被流箭射死。公孙瓒怒不可遏，把这笔账算在了袁绍的头上："我堂弟的死，罪魁祸首就是袁绍。"他立即率军攻打袁绍。

冀州下属的各城多数背叛袁绍而响应公孙瓒。袁绍不敢大意，亲自率军迎战，他挑选了八百精兵为先锋，并在左右两侧布置了一千张强弩。

公孙瓒见袁绍的人马这么少，哈哈大笑，对左右将领说道："袁绍这是在找死！"当即命令骑兵冲阵。

袁绍的八百精兵齐刷刷地举起盾牌掩护，一动不动。等公孙瓒的人马冲到精兵面前十几步的位置时，袁绍一声令下，两侧弓弩齐发，喊杀之声惊天动地。公孙瓒的人马立时溃败而逃，袁绍下令追击。公孙瓒重新集结人马，进行反扑，结果又大败，只好带着残兵逃走了。

此后，袁绍和公孙瓒又交战了几回，双方的军队都疲惫不堪，正好朝廷派人前来调解矛盾，公孙瓒便和袁绍结为儿女亲家，各自率兵退回。

谁知公孙瓒回去没多久，又和刘虞打起来了。原来，刘虞对公孙瓒与袁绍的相互攻击很不满，多次命令公孙瓒撤兵，但公孙瓒不听，刘虞便逐渐减少对他的粮草供应。公孙瓒大怒，他知道刘虞爱护百姓，便纵容军队侵掠幽州的百姓。刘虞于是率领十万大军，讨伐公孙瓒。

然而，由于刘虞的军队缺乏训练，刘虞又爱惜百姓的房屋，下令不许纵火，并告诫士兵只杀公孙瓒一人，不要伤害其他人，因此他的军队虽然人多，战斗力却不强，将士们打起仗来也缩手缩脚，最终被公孙瓒打败，他本人被杀死。公孙瓒趁机占有了整个幽州，成为北方一大割据势力。

与刘虞仁慈爱民不同，公孙瓒对百姓毫无体恤之心，别人瞪他一眼，他都要报复，对有名望、有才能的人，他不是陷害，就是打压。幽州百姓都对他心怀怨恨，刘虞的旧部更是摩拳擦掌，要为刘虞报仇。其中有个叫鲜于辅的，纠集了一些人马，并联合乌桓部落，一起攻打公孙瓒。

袁绍和公孙瓒打了几年，也没能消灭他，现在听说刘虞的旧部在攻打公孙瓒，自然不会放过这个机会，他也派出大军，与鲜于辅合兵一处，最终把公孙瓒打败，斩杀两万多人。公孙瓒只得退守易县[1]。

公孙瓒怕袁绍再来攻打，命人在易县周围挖了十道堑（qiàn）壕，堑壕内修筑了许多土丘，每座土丘都有五六丈高，然后在上面建起高楼，他自己住在中间最高的楼上，还特别造了一扇大铁门，不许旁人进入，身边只留下他的妻妾。文书、报告等都用绳子吊上城楼。他还让侍女每天练习放大嗓门，使声音能传到几百步之外，以便向其他城楼传达命令。从此，公孙瓒疏远宾客和谋臣，过着几乎与世隔绝的生活。

---

[1] 今河北雄县西北。

仰人鼻息

仰，依赖；息，呼吸时进出的气。依赖别人的呼吸来生活。比喻依赖别人，不能自主。

造　句：	中国绝对不能，也不会仰人鼻息，独立自主、自力更生是我们始终不变的国家精神。
近义词：	寄人篱下、傍人门户
反义词：	自力更生、自食其力

---

① 这个故事的原文里还有成语"股掌之上"（在大腿和手掌上面。比喻在操纵、控制的范围之内）、"安于泰山"（比泰山还稳固。形容稳固而不可动摇）。

【 道路以目 】

《资治通鉴·汉纪五十二》

卓使司隶校尉刘嚣籍吏民有为子不孝、为臣不忠、为吏不清、为弟不顺者，皆身诛，财物没官。于是更相诬引，冤死者以千数。百姓嚣嚣，道路以目。

译 文

董卓命令司隶校尉刘嚣，将官员与百姓中不孝顺父母、不忠于长官、为官不清廉以及不尊敬兄长的人，逐一登记，一律处死，并没收他们的财物。于是有许多人互相诬告，含冤而死的人数以千计。百姓惶恐不安，在路上相遇时，只敢用眼睛相互示意。

被点天灯第一人

初平二年（公元 191 年）四月，董卓带着军队抵达长安。朝中的公卿大臣前来迎接，御史中丞以下的大臣都恭恭敬敬地在他车前参拜。董卓缓缓地移动着肥胖的身躯，走到御史中丞皇甫嵩面前，抵着手掌，志得意满地问道："皇甫义真 ①，你现在怕不怕我呀？"

皇甫嵩心里咯噔了一下。当年他向汉灵帝上书，说董卓有谋反之意，自此两人结下仇怨。董卓进京废立皇帝、掌握朝权后，本想杀了皇甫嵩，幸亏皇甫嵩的儿子苦苦哀求，皇甫嵩才保住性命，后来被任命为御史中丞。

想到这里，皇甫嵩小心翼翼地回答说："您以贤德辅佐朝廷，这是大喜事呀，我有什么可怕的！如果您随意杀戮，那么天下人人都害怕，又何止我一个人呢！"皇甫嵩的话挑不出什么毛病，董卓没有继续为难他，只是扯了扯嘴角，冷哼了一声，扬长而去。

不过，同为名将的张温就没那么走运了。当初讨伐羌人时，张温是董卓的上司，可董卓仗着立了军功，对张温爱搭不理。当时还是张温部将的孙坚就劝张温杀了董卓，可张温不忍下手，说："杀了董卓，就是自毁长城，还怎么对付羌人？"等到董卓掌权之后，张温不愿意与他结交。董卓很恼火，就诬陷张温和袁术勾结，把他杀了。

像张温这样的名将，董卓说杀就杀，其他人的处境就可想而知

了。董卓命令司隶校尉刘嚣，把那些不孝顺父母、不敬重兄长、不忠于上级、为官不清廉的人，一一登记在册，统统处死，并没收全部财产。结果，很多人就因为一些小怨恨互相诬告，造成大量冤案，因此而死的人数以千计。老百姓惶惶不可终日，只敢道路以目。

不过，别看董卓在朝廷上威风八面，每当想到声势浩大的关东联军时，他就吃不香、睡不好，老担心有人要刺杀他，于是在郿（méi）县^①修建了一个巨大的坞堡，墙高七丈，厚七丈，里面存了能吃三十年的粮食。坞堡修好后，他美滋滋地想："要是大功告成，我可以占有天下；如果不成，我就在这里养养老。"

打那以后，董卓就住在坞堡，把朝政大事继续交给司徒王允打理。王允把董卓交代的事办得漂漂亮亮，向董卓汇报时也是恭恭敬敬的，因此很得董卓的信任。了解王允的大臣都暗自叹息道："自从董卓进京，王允就变了！"

早先王允可不是这样的。王家世代出高官，很有威望。王允年轻时不仅勤学苦读，还坚持习武练剑，希望像卫青、霍去病那样保家卫国。这样文武兼修数年后，王允便成为远近闻名的英才，十九岁就踏上仕途，从此平步青云。席卷全国的黄巾起义爆发后，王允奉命讨伐黄巾军。在战斗中，王允亲自披挂上阵，带着将士们拼死杀敌，最终击败豫州一带的黄巾军。

战后，王允与皇甫嵩等名将一道接受数十万黄巾军投降。在受降过程中，细心的王允搜查到中常侍张让的门客与黄巾军往来的书信，于是上书要求追查此事。谁知，老奸巨猾的张让在灵帝面前痛哭喊冤，昏庸的灵帝竟然相信了他的鬼话，没有再追究下去。事后，怀恨在心的张让就找了个借口把王允逮捕下狱。

---

① 治所在今陕西眉县东十五里渭河北岸。

王允的下属担心他在狱中受折磨，就带了一壶毒酒前去探望，并劝道："张让凶残狠毒，一定不会放过您的，您不如喝了这毒酒，免得受苦。"

王允听完，脸一沉，夺过毒酒，斥责道："我是堂堂天子的臣民，如果天子觉得我有罪，我就应当接受惩罚，被斩首示众，这样天下人都会以我为戒，从此遵守法纪。我怎么能私自吞下毒酒，以死逃避法律的制裁呢？"后来，大将军何进等人向灵帝上书求情，王允才被释放。

像王允这样一个敢与得势宦官叫板的人，现在怎么变得畏畏缩缩了呢？

其实，王允没有变，他做梦都想除掉董卓，但他知道，董卓是一个比张让更疯狂、更狠毒的对手，必须用万无一失的办法，才能彻底将其消灭。所以，王允表面上对董卓唯命是从，暗地里却积极筹划诛杀董卓。

司隶校尉黄琬、仆射士孙瑞、尚书杨瓒等人都痛恨董卓，王允便暗中与他们联络，共同商议计划。

这天，大家又聚到了一起。士孙瑞有点儿发愁，说："董卓爪牙密布，戒备森严，而且他本人力大无穷，凶残毒辣，不容易对付。"

王允点了点头说："是啊，所以我想在董卓身边安插一名亲信，到时候里应外合，准能成功。"

杨瓒先是点了点头，又马上摇头说："现在满朝都是董卓的人，哪有可靠的内应啊？"

王允胸有成竹地说："吕布。"

吕布原本是丁原的部下，年轻勇猛，武力超群。董卓进京后，策反吕布，诛杀丁原，收编了丁原的军队，吕布也就跟了董卓。董卓很欣赏吕布，收他为义子，不管走到哪里，都带着他。

所以，众人一听是吕布，都大惊，连连摆手："开什么玩笑？吕布是董卓的义子，怎么可能背叛他？"

王允笑了笑，说道："董卓性情刚愎，经常随意杀人，部下将领说话做事稍有差错，就立马人头落地，吕布虽然是他的义子，也是心惊胆战。有一次，董卓因为一件小事不合心意，张口就骂吕布，骂完还不解气，拔出手戟，就扔向吕布。幸亏吕布躲闪及时才没受伤。董卓又想拔剑，吕布跪在地上，低三下四地道歉，董卓才消了气。"

杨瓒疑惑地问："你是怎么知道的？"

王允说："我平时待吕布不错，经常请他喝酒。这些都是他亲口对我说的，说明他在董卓那儿的日子不好过。"

士孙瑞还是摇头："吕布这个人见利忘义，靠不住的。"

王允耐心地说："你们有所不知，吕布正和董卓的一名漂亮侍女私通，这事要是被董卓发现了，他能饶过吕布吗？所以，吕布也想董卓死。"

大家这才同意这个方案。

第二天，王允又请吕布到家里来喝酒。一开始，吕布很高兴，一杯接一杯，喝得很痛快。可喝着喝着，他就骂起董卓来了。

王允故意说："董卓这么对你，真不明白你怎么能忍到今天。"

吕布叹了口气，说："有时候我也恨不得给他一刀，可他毕竟是我义父啊！"

王允指着吕布，笑得眼泪都要出来了。吕布不解地看着他："司徒为什么这样笑？"

王允止住笑，说道："吕将军，我笑你糊涂啊。你姓吕，他姓董，你跟他压根就没有骨肉关系。如今董卓倒行逆施，你连自己的生死都顾不住，还谈什么父子之情？试问那天董卓用戟扔你时，他考虑过父子情吗？将来他如果发现你和侍女相好，他会考虑父子情吗？唉，我真是不明白呀，吕将军这样的人中龙凤，怎么能一直受这种气！"

听了这番话，吕布只觉得热血直往头上涌，他腾地站了起来，将杯中酒一饮而尽，斩钉截铁地说："我要杀了那老贼！"

王允连忙给他倒满了酒："吕将军果然是血性男儿！如果你真能杀了董卓，不仅替自己报了仇，还为天下人除去大害，足以流芳百世呀！"吕布一听，更加心潮澎湃，恨不得立刻杀了董卓。

机会很快就来了。汉献帝生了一场大病，刚刚痊愈，要在未央宫召见文武百官。王允等人商定好，由吕布安排十几名勇士，事先埋伏在董卓进宫必经的北掖门。

这天一大早，董卓身穿朝服，乘车进宫。路上戒备森严，左侧是步兵，右侧是骑兵，吕布等人则在前后保护。董卓跟往常一样，大摇大摆地进了北掖门。可就在这时，他眼前一花，一把闪着寒光的枪尖冷不丁刺到眼前，他本能地往旁边一躲，枪尖滑过他前胸的铁甲，刺中了他的手臂，顿时鲜血直涌。

董卓大叫一声，跌倒在地，扭头大喊："吕布我儿，快救为父！"

吕布举着一根长长的铁矛，往前一跃，威风凛凛地站在董卓面前。董卓松了一口气，叫道："快将逆贼拿下！"没想到，吕布却将矛尖指着他，大声喊道："奉皇帝诏令，讨伐奸贼董卓！"

董卓顿时眼前一黑，差点儿没背过气去，接着就骂吕布："狗崽子，你胆敢杀我……"

没等董卓骂完，吕布一个箭步上前将他刺死。旁边的士兵一窝蜂冲上去砍下董卓的头颅。董卓的部将正要冲上去抢他的尸首，吕布从怀中拿出王允给他的假诏书，对他们说："皇帝下诏，只诛杀董卓，其他人全部免罪。"那些人听了，都立正不动，高呼"万岁"。

董卓被杀的消息像长了翅膀一样，传遍整个长安城，老百姓高兴极了，跑到大街上载歌载舞，很多人甚至卖掉珠宝首饰和衣服，买来酒肉，以示庆贺，街市被欢乐的人群挤得水泄不通。

董卓的尸体被拖到街上示众。当时天气热，董卓肥胖，油脂流了一地，看守尸体的官吏便做了一个大灯芯，插在董卓的肚脐上点燃，从早烧到晚，一连烧了好几天。

成语学习

道 路 以 目

在路上遇到不敢交谈，只是以目示意。形容人民对残暴统治的憎恨和恐惧。

造　句：	在反动派的黑暗统治下，同志们见了面只能道路以目。
近义词：	缄口不言、三缄其口
反义词：	畅所欲言

【 临难苟免 】

《资治通鉴·汉纪五十二》

允曰:"若蒙社稷之灵,上安国家,吾之愿也;如其不获,则奉身以死之。朝廷幼少,恃我而已,临难苟免,吾不忍也。努力谢关东诸公,勤以国家为念!"

译 文

王允说:"如果能得到上苍保佑,国家平安,这是我最大的愿望;如果这个愿望不能实现,那么我将为它献出生命。如今皇帝年幼,凡事都倚仗着我,遇到危险而只顾自己逃命,我不忍心这样做。请您逃出去后,勉励关东联军的各位将领,要以国家大局为重。"

王允变得有点儿飘

董卓被诛杀的消息传来时，蔡邕正好在王允家中，他想起这些年董卓一直对自己不错，不由得轻轻叹息了一声。

王允将手中的茶杯往案上重重一放，怒斥道："你是汉朝的臣子，对董卓这样恶贯满盈的国贼，应当同仇敌忾，为什么反而替他叹息、悲痛？你死到临头了！"当即命人将蔡邕抓起来。

蔡邕满脸通红，解释说："我因为曾经受过董卓的厚待而叹息，确实不应该。可是我心中时刻牢记君臣大义，怎么会背叛国家而袒护董卓呢？请您允许我继续写完汉史，我愿意接受在脸上刺字或者砍去双脚的刑罚。"

王允哼了一声，一甩长袖，冷冷地转过身去。几名侍卫就将蔡邕送到监狱，准备处死。

许多士大夫同情蔡邕，设法营救他，但都没有成功。太尉马日䃅也跑到王允府中苦劝："蔡伯喈是旷世奇才，熟悉汉朝的历史，应当让他完成修史的工作。如果仅仅因为他犯了一个微不足道的错误就杀了他，会让天下士人寒心啊！"

王允不客气地回道："从前武帝①不杀司马迁，结果司马迁写的谤书《史记》流传后世。如今国运衰微，不能让奸佞之臣在幼主身边撰写史书，这不仅对皇上的圣德没什么好处，还会使我们这些人

---

① 指汉武帝刘彻。

受到世人的指责。所以，蔡邕非杀不可！"

马日磾见王允如此刚愎自用，就对别人说："看王允干的事情，他的后代大概要灭绝了！善人是国家的楷模，史书是国家的经典。毁灭楷模，废除经典，国家怎么能够长久？"

王允才不管马日磾说什么，坚持处死了蔡邕。天下人都认为蔡邕死得冤枉，对此议论纷纷。王允听说后，这才有点儿后悔。

不过，王允很快就淡忘了此事，因为他太忙了。自打他立下诛灭董卓的大功，献帝就让他掌控朝权。大权在握的王允，走到哪里都能听到称颂之声，听多了，他就飘飘然起来，心想："连董卓这样的大奸贼都被我灭了，天下还有什么人可畏惧的呢？"以前他与臣僚们商量事情时总是和颜悦色、推心置腹，现在却喜欢摆出居高临下的姿态。慢慢地，大臣们就对王允敬而远之了，只有吕布还经常找他聊天。

一天，吕布对王允说："董卓留下的那些凉州兵，个个精悍能打，平时又只听董卓的号令，留着他们怕生祸端，不如把他们全都杀了。"

虽然吕布在诛杀董卓这件事上起了关键作用，但王允打心眼里瞧不起他，觉得他只是一个有勇无谋的武夫。所以对吕布的这个建议，王允不以为然，说："他们只是跟错了人，怎么能全部处死呢？"

吕布想了想，又建议道："前两天从董卓府中搜出了很多财物，不如拿出来赏赐给朝中大臣和军队的将领。"

王允又拒绝了。吕布一向自视甚高，诛杀董卓后更加骄狂，见王允不采纳自己的建议，心里老大不高兴。

其实，王允也为如何安置那些凉州兵犯愁。士孙瑞曾建议他："不如下诏赦免董卓的旧部属，免得他们闹事。"王允一开始同意，后来又想："董卓手下将士，当初只是服从主人的命令，本身并没有犯什么罪。如果将他们视为叛逆而赦免，恐怕会让他们猜疑。"就没有颁布赦免凉州兵的诏书。

过了两天，王允又想解散董卓的军队。有人就对他说："这些凉州兵害怕袁绍的关东联军，如果您现在解散他们，他们一定会惶恐不安，不如让皇甫嵩接管，一来可以让他们驻扎在陕县，扼守险要；二来可以安抚他们，以免发生兵乱。"

王允又不同意，说："关东联军和我们一样，都是反对董卓的。如果采纳你的办法，虽然安抚了凉州兵，却会使关东将领起疑。"

王允犹豫不决，各种流言就满天飞。人们都在说王允要杀死所有的凉州人。一时之间，人心惶惶，董卓的旧部更是惊恐不安，聚在一起商量说："蔡邕仅仅因为受过董卓的厚待，就被处死，何况我们这些人？朝廷不打算赦免我们，还要解散我们的军队。军队一解散，我们就成了砧板上的鱼肉，只能任人宰割了。"

当时管着凉州兵的是董卓的女婿牛辅，董卓生前派他驻守陕县，对抗关东联军。董卓被杀后，牛辅知道朝廷不会赦免自己，决心对抗到底。

吕布派兵前往陕县攻打牛辅，却被牛辅打得落花流水。可是，打了胜仗的牛辅心中仍惶恐不安，偏偏这时军中又发生了骚乱，他越想越害怕，当晚弃军逃走，结果在路上被左右亲信杀死。

牛辅一死，群龙无首，之前被派出去袭击关东联军的校尉李傕、郭汜（sì）、张济等人回到军营，觉得没了依靠，便派使者前往长安请求赦免，结果却遭到王允的傲慢拒绝。

李傕等人更加害怕，凑到一起商量出路。李傕说："董太师死于非命，牛将军也被杀了，我们失去了主心骨，现在朝廷不让我们投降，不如就地解散军队，各自抄小路逃回家乡。"

郭汜表示同意，说："我听说吕布作战勇猛，这次吃了败仗，肯定不会善罢甘休。我们还是逃命要紧。"

这时，讨虏校尉贾诩站出来说："如果你们解散军队，各自逃命，朝廷只需要一个小小的亭长就能把你们活捉，到时候必死无疑。与其这样，不如大家团结起来，向西打到长安去，为董太师报仇。如果成功了，可以拥戴皇帝号令天下；如果失败了，再逃也不迟。"

李傕等人也想不到更好的办法，只好同意了。他们将凉州兵聚集起来，日夜兼程向长安进发。

王允得到消息，吃了一惊，就想派在凉州有威望的两个人去见李傕等人，以消除误会。这两人，一个叫胡文才，一个叫杨整修。可是王允召见他们时，摆出一副高高在上的架势，大骂李傕等人："这些鼠辈，到底想干什么？你们去把他们叫来！"

胡、杨二人见王允如此傲慢，十分不高兴，便想借去见李傕、郭汜的机会，帮助他们将凉州兵召回长安。

李傕、郭汜等人沿途召集人马，等到达长安时，已经聚起十万之众。他们与董卓的旧部樊稠、李蒙等人会合，一起包围了长安城。

吕布倚仗着城墙坚固，顽强抵抗。苦守八日后，他手下的士兵害怕剽悍的凉州军，便打开了城门。李傕的将士顿时像潮水一般涌进长安城内，个个如狼似虎，口中喊着"为董太师报仇"，见人就杀，见物就抢。很快，整个长安城陷入混战之中。

吕布与李傕在城头展开激烈的交战，双方你来我往几十个回合，渐渐地，吕布落了下风。吕布见李傕越战越勇，加上越来越多的凉州兵往这边来，就无心恋战，他将董卓的头颅挂在马鞍上，率领几百名骑兵突出重围。

逃到青琐门时，吕布停下马来，招呼王允一起逃。王允拒绝了，说："我平生最大的心愿是国泰民安，如果不能实现，我宁愿为它而死。皇帝年幼，全依靠我，我怎么能临难苟免呢？请吕将军勉励关东联军各位将领，常把皇上和汉室江山放在心中。"他扶着献帝逃往宣平门。

很快，李傕、郭汜带兵追到宣平门，看到献帝，他们都伏地跪拜。献帝看着这群凶神恶煞的将士，壮着胆子问："你……你们想干什么！没有王法了吗？"

李傕、郭汜连连叩头，指着王允说："董太师对皇上忠心耿耿，却无故被杀，我们只想替他讨回公道，请您处死杀害董太师的凶手。"

一道残阳映照着被鲜血浸染的长安城，王允看了看城下黑压压的凉州兵，又看了看身边惊恐不安的献帝，知道大势已去。可是这一切来得太快了，他长叹一声，朝献帝行了最后的君臣大礼，便缓缓走下城楼。

几天后，王允被处死，距离董卓之死不到两个月的时间。

临 难 苟 免

遇到危难时苟且偷生。

造　句	他救过我的命，如今情况危急，我怎么能临难苟免，不出手相救呢？
近义词	苟且偷生
反义词	视死如归

---

① 这个故事的原文里还有成语"旷世逸才"（当代少见的出众的才能）。

〖 命世之才 〗

《资治通鉴·汉纪五十二》

　　曹操部将东郡陈宫谓操曰："州今无主，而王命断绝，宫请说州中纲纪，明府寻往牧之，资之以收天下，此霸王之业也。"宫因往说别驾、治中曰："今天下分裂而州无主；曹东郡，命世之才也，若迎以牧州，必宁生民。"

译文

　　曹操的部将、东郡人陈宫对曹操说："现在刺史刘岱已死，州中没有主人，而且联系不上朝廷，上面暂时不会派新刺史来。我想去说服州中的主要官员，让他们迎您进城主持大局。这样，您就能以兖州为根据地，夺取天下，成就霸王之业。"曹操欣然同意。于是，陈宫前去劝说别驾、治中等主要官员："现在天下分裂，没有人来主持州政。曹操是顺应天命而降世的人才，假如能迎他来当刺史，肯定能保证州内百姓的安宁。"

失而复得夺兖州

曹操当上东郡太守后，经常琢磨怎么壮大自己的实力。这天，他的手下跑来报告，说青州的黄巾军残余势力攻打兖州，把刺史刘岱杀死了。

曹操问谋士陈宫："你主意多，你说我们该怎么办？"

陈宫不慌不忙地说："现在刘岱刚死，兖州失去了主人，而且因为战乱，与朝廷也断了联系，皇上暂时不会派新刺史前来。我想去说服兖州的主要官员，让他们迎接您到州里主持大局。这样，您就能以兖州为根据地，进一步夺取天下、成就霸业。"

曹操拍手大笑，道："这事就拜托你了！"

于是，陈宫来到兖州，对州中的主要官员说："现在天下分裂，州里不能没主事的人啊。依我看呀，曹孟德是命世之才，如果能让他来主持州中事务，肯定能保证境内百姓的安宁。"当时鲍信也在场，他一向看好曹操，帮着说了不少好话。州中官员便同意了。

曹操入主兖州后，多次发兵与剩下的黄巾军交战，俘虏了不少人。可是，鲍信不幸在一次战役中死亡，曹操悬赏重金寻找他的尸首，却一无所获。曹操非常悲痛，让人雕刻了一个鲍信的木像。下葬时，曹操亲自去祭奠，抱着木像，号啕大哭。兖州人都非常感动，觉得曹操有情有义。

不久，谋士毛玠（jiè）建议曹操："如今天下四分五裂，皇帝流亡在外，百姓无家可归，这正是成就霸业的好时机。而要称霸一方，就得积攒别人没有的资源，我认为首先要发展农业和桑蚕业，积累军用物资。与此同时，尊奉天子，用朝廷的名义发号施令。"

曹操采纳了他的建议，从投降的黄巾军中挑了一些身体强壮的将士，组成"青州兵"，每天操练武艺，余下的人负责从事农业生产，保证军队的后勤补给。

有了自己的地盘后，曹操就想把老父亲曹嵩接来享享清福。曹嵩很高兴，就带着小儿子曹德，装着一百多车财物，浩浩荡荡地出发了。不料，他们经过徐州①时，遭到徐州牧陶谦的部将拦截，曹嵩一行人都被杀，财物全部被抢走。

曹操闻讯，差点儿昏厥过去，他立马率领刚组建好的青州兵，气势汹汹地进攻陶谦。陶谦打不过，便带着人马逃到郯（tán）县。曹操紧追到郯县，却没能攻下，转而攻打附近的几个县泄愤，每到一处都杀得鸡犬不留。

陶谦急忙向青州刺史田楷求援，田楷又叫上平原国②国相刘备前去援救。刘备本来有几千人，陶谦又拨了几千兵马给他。刘备也是一个有野心的人，就乘势脱离田楷，投奔了陶谦。双方相持了一段时间，曹操眼看军粮快吃完了，只好撤回兖州。

不久，曹操筹足军粮，再次攻打陶谦，一路上烧杀抢掠。陶谦被吓得半死，打算跑路，探子却来报告说："曹操撤军了。"陶谦满腹疑虑，派人一打听，才知道，原来是曹操的老巢兖州被吕布占了。

事情要从曹操杀死九江太守边让说起。边让是兖州名士，也是陈宫的好朋友，边让仗着自己有才，瞧不起曹操，经常说些讥讽和贬低他的话。曹操很生气，就把边让和他的妻儿全部杀死了。兖州

---

① 西汉武帝所置十三刺史部之一。辖境相当于今山东东南部和江苏长江以北地区。东汉时治所在今山东郯城，三国魏移至今江苏徐州市。

② 在今山东平原西南二十五里张官店，是汉和帝长子刘胜的封国。

的士大夫对此既恐惧又愤怒，这些人里包括陈宫和陈留太守张邈。

张邈也是当时的名士，和袁绍、曹操都很要好。袁绍当上关东联军的盟主后，傲慢自大，对同僚朋友常常不屑一顾，张邈就有些不高兴。有一次，张邈忍不住批评了袁绍几句："要不是大伙儿推举，您怎么能当上盟主呢？"袁绍恼羞成怒，让曹操去杀张邈。曹操不肯，说："张邈是我们共同的好朋友，即使他有不对的地方，您也该宽容。何况如今天下还没安定，我们怎么能自相残杀呢？"

边让一死，张邈就担心曹操哪天改变主意，也把自己给杀了。而性格耿直的陈宫也为边让的死而伤心，恨自己看错了人。于是，他俩凑在一起谋划，想趁曹操外出攻打陶谦时，秘密迎接吕布来兖州。

而吕布逃出长安后，先是投奔了袁术。他认为自己杀死了董卓，对袁家有功，因此放纵部下四处抢掠，引起袁术的不满。吕布便又投奔河内太守张杨。恰逢李傕悬赏捉拿吕布，吕布担心被出卖，又离开张杨，改投袁绍。可是，吕布仍然管不好手下将士，这让袁绍心生厌憎。吕布没办法，便请求返回洛阳。袁绍满口答应，还派精壮武士沿途护送，暗中却命令他们半路上杀死吕布。吕布察觉后，悄悄溜走，再次依附张杨。

就在吕布惶惶如丧家之犬时，陈宫、张邈竟然邀请他入主兖州，这让他大喜过望，立即率军来到兖州。

张邈怕将士起疑，就撒谎说："这次吕将军带兵来帮助曹刺史攻打陶谦，我们要拨军粮给他。"大家虽然觉得这事很奇怪，却没有多想，只有谋士荀彧（yù）看出张邈有反意。

曹操把所有的军队都带去进攻陶谦，留守的兵很少，吕布因此很快占据了濮阳。兖州下属的郡县纷纷起来响应吕布，只有鄄（juàn）城①、范县②、东阿县没有屈服，荀彧就对另一个谋士程昱说："你在兖州很有声望，请你前去安抚他们。"在程昱的努力下，三县坚守到曹操率大军赶回。曹操握着程昱的手，流着泪说："要不是你，我就无家可归了。"

曹操稍作休整，就率军前去攻打濮阳。吕布亲自披甲上阵，双方从清晨一直战到傍晚，厮杀了数十回合，却难分胜负。曹操见相持不下，就招募了一批勇士，由司马典韦率领，掩护曹军突围。

典韦身披甲胄，手执铁戟，怒目金刚般站在队伍前面，大声喝道："典韦在此！"

吕布一听，冷笑了一声："从哪儿冒出来这么个无名小卒！放箭！"顿时弓弩齐发，箭如雨下，他身旁的士兵迅速往前冲。

典韦却视若无睹，只是对勇士们说："敌人距我们十步远时，再告诉我。"

勇士们说："已经十步了。"

典韦又说："相距五步时再告诉我。"

勇士们见敌人已到面前，惊恐地喊道："已经到了！"

说时迟，那时快，只见人影一闪，典韦已经挥动铁戟，跃入了敌阵，寒光所到之处，惨叫声不断。众勇士差点儿看呆，赶紧也杀上去，吕布的士兵吓得纷纷后退。这阵势让一向以勇猛自居的吕布感到一阵战栗，连忙下令后撤。曹操这才得以返回营寨。

第二天，曹操正琢磨着怎么拿下濮阳，有个姓田的濮阳人跑来说："吕布进城后，成天纵容士兵抢劫，实在可恨！我熟悉城里的情况，可以悄悄带你们入城。"

曹操大喜，带着一队人马随那人从东边入城。为了向将士们表

---

① 治所在今山东鄄城北旧城镇。
② 治所在今山东梁山西北范城。

明决心，曹操下令放火烧毁东门。谁知，火刚点燃，吕布的骑兵就围了过来。原来，这是吕布设的圈套。

一番交战后，曹操被吕布的骑兵捉住。可是他们并不认识曹操，见他其貌不扬，以为只是个小兵，揪着他问："快说，曹操在哪儿？"

曹操赶忙伸手一指，说："刚才那个骑黄马逃走的，就是曹操。"吕布的骑兵当即推开曹操，追了上去。曹操趁机逃出城。

回到营中，曹操顾不上休息，命人赶制攻城用的器械。几天后，他再次率兵进攻濮阳。这次，又对峙了一百多天，还是没能分出胜负。不久，吕布的粮食吃完了，曹操的粮食也所剩无几，于是双方都选择了撤兵。

袁绍听说曹操丢了兖州，有点儿幸灾乐祸，就写了封信给他，说："孟德啊，听说你最近过得不太顺，还是跟着我干吧！只要你肯把妻儿送到邺城来，我保证帮你收拾吕布那小子。"

曹操读完信，非常气愤，心想："袁本初啊袁本初，我拿你当哥们儿，你却要我妻小当人质！"可是，不爽归不爽，连打几次败仗，让他灰心丧气，准备接受袁绍的建议。

程昱得知后急了，就劝曹操："将军您是被打怕了吗？考虑事情如此草率！袁绍早有吞并天下的野心，但他才智平庸，根本无法实现。而您是当世豪杰，怎么能甘心当他的下属呢？兖州虽然丢了，可还有三个县在您手中，将士也有一万多人。凭您的智慧和谋略，再加上我们这些人为您出谋划策，只要大家齐心协力，您一定可以成就霸业的，希望您再想想！"

曹操受了鼓舞，便振作精神，咬着牙再次进攻吕布，最终将他打败。吕布带着张邈逃到徐州。张邈不甘心，跑去向袁术搬救兵，结果半路上被部下杀死。兖州又回到了曹操手中。

成语学习①

命 世 之 才

原指顺应天命而降世的人才。后多指名望才能为世人所重的杰出人才。

造 句：	人们都说飞将军李广是命世之
	才，可惜他时运不济，终生未
	能实现封侯的志向。
近义词：	命世之英

---

① 这个故事的原文里还有成语"受制于人"（被别人控制）、"纵横捭阖"（指在政治或外交上运用手段进行分化或拉拢）。

〖 一栖两雄 〗

《资治通鉴·汉纪五十三》

催数设酒请郭汜，或留汜止宿。汜妻恐汜爱催婢妾，思有以间之。会催送馈，妻以豉（chǐ）为药，擿（tī）以示汜曰："一栖不两雄，我固疑将军信李公也。"他日，催复请汜，饮大醉，汜疑其有毒，绞粪汁饮之，于是各治兵相攻矣。

译 文

李催经常在家里摆下酒宴款待郭汜，有时还留他在家中过夜。郭汜的妻子生怕郭汜会喜欢上李家的漂亮侍女，就想方设法阻止他前往。正好李催让人送来一盘美食，郭汜的妻子就把豆豉说成毒药，还特地挑出来给郭汜看，说："两雄并立，势难共存，我实在不明白你为什么这样信任李催。"一天，李催又宴请郭汜，郭汜喝得大醉，他疑心酒里有毒，就喝下粪汁来使自己呕吐。于是，他们各自部署军队，相互攻击。

献帝惊天大逃亡

苍茫的夜色中，一队羽林侍卫举着火把，护送着十五岁的汉献帝刘协、伏皇后、太尉杨彪等人，匆匆走向黄河边的一处高崖上。站定后，侍卫们将手中的火把照向水面，只见河水奔腾翻滚，让人心惊。为首的侍卫发出一声长啸，立时从崖下隐蔽处驶出了一艘船。

船上的人抬头望了望崖上，大声喊道："臣李乐前来接驾，请皇上登船。"

献帝与大臣们往前走了几步，伏皇后紧跟其后。突然，不远处传来一阵急促的马蹄声，紧接着，有人高喊道："皇上，您要去哪里？"

几名侍从顿时惊慌失措，连声说："不好了，不好了，李傕追来了。"

献帝语带哭腔道："上天要亡我啊！"人群开始骚动，有的急得直跺脚，有的低声抽泣，还有几个打算悄悄溜走。

混乱中，大将董承喝道："给皇上开道！"侍卫们当即用刀劈开人群，一名侍者被砍中，鲜血溅到伏皇后的衣服上，把她吓得半死。

高崖离水面有十余丈，不容易下去，董承命人用绢帛结成座椅，请献帝坐上去，再让侍卫背着献帝走下去，其余的公卿有的爬下去，有的直接跳下去，在地上打个滚，官帽摔坏了也顾不得收拾，踉跄着向河岸跑去。

到达河岸后，不少人争着往船上爬。董承与李乐站在船前，用

长戈拦住，凡是抢着上船的人都被侍卫砍翻在地，好些人的手刚刚攀到船舷，手指就被砍落，一时间，船上的断手指多得可以捧起来。大家吓得顿住脚步，献帝这才上了船。最后一起坐上渡船的，只有伏皇后以及杨彪等数十人。

董承见李傕已经到高崖上，当即下令开船。渡船离开河岸，疾驰向前，那些没能登船的侍女与官员，被追上来的士兵或砍死或砍伤，场面十分惨烈。

船很快驶到河中央，李傕见追不上，便在岸边大声喊道："你们要把天子弄到哪里去？"董承怕他们放箭，就命人将被子展开，临时当帷幔保护献帝。

就这样，献帝一行人顺利渡过黄河，来到李乐的军营。惊魂未定的献帝坐在帐中，回想过去这一年多的逃亡之路，如同做了一场噩梦。

王允被杀后，李傕、郭汜、樊稠三人就把持了朝政，他们经常夸耀自己的功劳，渐渐地不再团结，开始争权夺利。樊稠作战勇猛，深受部下拥戴，李傕便猜忌他，把他骗到自己的兵营杀了。

李傕与郭汜原本关系极好。李傕经常约郭汜到家中喝酒，有时还会留他过夜。郭汜的妻子担心郭汜喜欢上李傕家的侍女，就想挑拨李、郭之间的关系。

有一次，李傕派人送来一盒美食，郭汜正要吃，郭妻赶忙阻止："哎呀，将军，吃不得，小心有毒。"郭汜不以为然地说："李傕对我这么好，怎么可能下毒，你别疑神疑鬼！"郭妻见他不信，就挑出一粒黑色豆豉给郭汜看，说："我听说有种毒药就长这样。防人之心不可无啊。你想想，一栖不两雄，我实在不明白你为什么这么信任李傕。"郭汜半信半疑，就没有吃。

隔了几天，李傕又宴请郭汜。郭汜吃完饭回到家，觉得浑身不舒服，想起妻子上次说的话，便怀疑酒里有毒。郭汜趁机添油加醋地说了一通，然后拿来一碗粪汁硬给他喝下去。郭汜一阵恶心，把吃下去的东西全吐出来了，这才感觉好一点儿。他大骂李傕："你好狠毒啊，先是干掉樊稠，现在竟然对我下手了！"于是发兵攻打李傕。

李傕也恼了，心想："狼心狗肺的郭汜，我对你这么好，你竟然恩将仇报！"他也命令将士往死里杀。

献帝吓坏了，赶紧派人去调解，但李傕、郭汜不听。打着打着，郭汜就盘算着把献帝劫持到他的军营。

不料，李傕也想到这一招，抢先把献帝劫走了。不仅如此，他还把宫里的财物统统搬到自己的军营，然后放了把火，将宫殿给烧了。

郭汜大怒，叫嚣道："老子要给李傕一点儿厉害瞧瞧。"

献帝无奈，只好又派太尉杨彪等公卿大臣去郭汜营中调解。郭汜干脆将这些大臣扣了下来，作为人质。于是，李、郭二人一个劫持天子，一个扣留大臣，双方剑拔弩张。

这天夜里，李傕正与献帝坐在营中，忽听帐外有人喊："不好啦，着火啦！"紧接着传来喊杀声。没等李傕回过神来，几支飞箭射了进来，其中一支射穿了李傕的左耳，献帝吓得面无人色。

李傕毕竟久经沙场，立刻意识到是郭汜前来偷袭，便镇定地传达命令。火很快被扑灭，郭汜也被击退。

为了防止郭汜再来抢皇帝，李傕将献帝迁到北坞，派重兵把守，不准他与外界接触。几天下来，献帝见左右侍臣都饿得有气无力，便派人向李傕要五斗米、五具牛骨，打算赐给身边人。

李傕翻了个白眼，没好气地对来人说："我已经早晚两次送饭了，皇上还要米干什么！"最后只给了几具发臭的牛骨头。

献帝勃然大怒，要冲出门去责问李傕，旁边的人都劝他再忍一忍。想到自己的处境，献帝只好作罢。

李傕、郭汜两人相互攻击，一连几个月，死伤数万人，长安城几乎成了一片废墟。这时，镇东将军张济从陕县来到长安，打算调解他们的争端，迎接献帝前往弘农。弘农离洛阳不远，献帝想趁机东归洛阳，便派人到李、郭二人的军营中传达圣旨，希望他们能化解恩怨。使者往返了十几次，两人才答应讲和。

献帝松了口气，起驾前往弘农，李傕的士兵护送他出了宣平门，正要过护城河桥时，郭汜又反悔了，想把皇帝抢回去，他的几百名士兵在桥上拦住献帝的车马，大声问："车内是不是天子？"

李傕的部下见状，全都手执兵器守在车前。眼看双方就要打起来了，一名侍中急忙大喊："车内真是天子！"说完，将车帘高高掀起。

献帝又无奈又气愤，斥责道："你们怎么敢这样对待天子？"郭汜的士兵这才撤退。

几天后，献帝一行到达新丰，郭汜又想胁迫献帝返回长安。有一名侍中得到消息，秘密通知后将军杨定、安集将军董承、兴义将军杨奉到新丰保护圣驾，郭汜的阴谋才没有得逞。

这样，献帝得以继续东归，不久抵达华阴。宁辑将军段煨（wēi）非常殷勤地做好各种准备，想迎接献帝进他的大营。不料，杨定因为与段煨结下私仇，便诬陷他蓄意谋反，劝献帝不要前往。献帝惊疑不定，只好在路边露宿。

第二天，杨奉、董承、杨定就以平叛为借口，与段煨打了起来。李傕、郭汜听说后，就率军前来，打着营救的幌子，实际上是想把献帝劫持回长安。

杨定很害怕，单人匹马逃到荆州，剩下的杨奉、董承又与张济发生冲突。张济一怒之下，便与李傕、郭汜联合，准备将皇帝抢到手。

杨奉、董承护送献帝日夜不停地向弘农奔去，张济、李傕、郭汜三人紧追不舍。双方在弘农东涧大战一场，董承、杨奉战败，被杀死、砍伤的文武官员不计其数。

董承、杨奉没办法，只好假装与李傕谈和，暗中派人去请原白波军①的首领李乐、韩暹（xiān）等人护驾。李乐率援兵赶到后，才将李傕等人击败。献帝一行人赶紧继续向东进发，董承与李乐保护车驾，杨奉则率军断后。

可是，没过多久，阴魂不散的李傕又追了上来，将杨奉打败。李乐得到消息，劝献帝骑马先逃。献帝拒绝了，说："我不能丢下百官自己逃命！"

一行人走走停停，到达陕县时，献帝身边护驾的侍卫不到一百人了，只好在筑起营寨固守。哪知刚安顿下来，李傕、郭汜的人马就追了上来，绕着营寨叫嚣不止。

左右大臣无奈，一番商量之后，决定由李乐去找船，先保护献帝渡河到李乐的军营，再前往洛阳……

"皇上！皇上！"侍从的叫声把献帝从回忆中拉回现实，"启禀皇上，河内郡太守张杨派了几千人背米前来进贡；河东郡太守王邑献上了丝绵与绸缎……"

献帝此时一无所有，唯一能给这些前来进贡的官员的赏赐，就是更大的官职。由于要任命的官员太多，来不及刻印，最后都用铁锥来划。

休整几天后，张杨和杨奉、董承等人一起护送献帝东归，经过

---

① 黄巾起义军中的一支部队，后来投降了朝廷。杨奉之前也是白波军的将领。

安邑时，只能住在简陋的房子里，篱笆用荆棘围成，门窗不能关闭。与群臣举行朝会时，士兵们就趴在篱笆上观望，你推我挤的，互相打闹取乐。不久，粮食吃光了，宫人们只得出城去挖野菜、摘野果，给献帝充饥。

经过一年的坎坷跋涉，建安元年（公元196年）七月，献帝一行人终于抵达了洛阳。

成语学习

一栖两雄

比喻两雄对峙，势不并存。

造　句：	"总之，你我之间不能一栖两雄，有你没我，有我没你。"他放出狠话。
近义词：	势不两立、水火不容
反义词：	亲密无间、针芥相投

【 乃心王室 】

《资治通鉴·汉纪五十二》

催、汜见操使，以为关东欲自立天子，今曹操虽有使命，非其诚实，议留操使。黄门侍郎钟繇（yáo）说催、汜曰："方今英雄并起，各矫命专制，唯曹兖州乃心王室，而逆其忠款，非所以副将来之望也！"催、汜乃厚加报答。

译文

李催、郭汜见到曹操的使者，认为关东诸将领想自己拥立皇帝，如今曹操虽然派使者前来表示效忠，但并不是真心诚意。李、郭二人商议，准备把使者扣留在长安。黄门侍郎钟繇向李催、郭汜建议说："如今天下英雄一同崛起，各自冒用朝廷的名义独断专行。唯有曹操的心一直向着王室。假如朝廷拒不接受他的忠诚，会使将来打算效法他的人失望。"李催、郭汜于是款待曹操的来使，并给以丰厚的回报。

挟天子以令诸侯

汉献帝刘协一行到达洛阳后，全都傻眼了，宫殿被董卓烧毁，他们连个遮风挡雨的地方都没有。大臣们只好亲自动手，劈开荆棘，找来一些散落的木料，在残存的墙壁之间搭了几间简易的棚子居住。因为没有人进贡，大家又饿又乏，每天只能派宫人出城寻找野菜、野果充饥，每天都有人饿死在断墙残壁之间。

消息传到冀州，监军沮授就劝袁绍说："您出身名门，世代忠义。如今天子连安身的地方都没有，宗庙也被毁坏。各州郡表面上都说自己是义兵，实际上各有各的打算。如果您能将天子迎到邺城，就可以用皇帝的名义发号施令，讨伐那些不听话的叛逆者，到时候天下还有谁敢与您对抗？"

袁绍的部将郭图和淳于琼都反对这个提议，他们说："汉王室已经没落很久了，要让它复兴太难了！现在各路英雄豪杰都在抢占地盘、扩充实力，我们也不能落后。要是这个时候把天子接过来，一举一动都要得到天子同意，服从吧，自己的权力削弱，不服从吧，要背负一个违抗圣旨的罪名。"

沮授驳斥道："现在迎接天子，符合君臣大义，也是最佳时机，稍一犹豫，就可能被人抢先下手。"

袁绍见他们争得面红耳赤，心想："天子就是一个摆设，把他接来还得供着，太麻烦了。各路人马中我的实力最强，又是号令天下的盟主，要一个没用的天子做什么？"

曹操的想法却与袁绍不同，早在他收编青州兵的时候，谋士毛玠就建议他奉迎天子。曹操也派了使者前往长安求见当时掌权的李傕、郭汜。李、郭二人觉得曹操没安好心，就想扣留使者。黄门侍郎钟繇劝他们说："现在天下大乱，各地英雄都冒用朝廷的名义独断专行，只有曹操乃心王室。如果扣留使者，拒绝接受曹操的忠诚，会使像曹操一样想效忠朝廷的人失望。"李傕、郭汜这才改变态度，款待使者，还馈赠了丰厚的财物。使者回来报告后，曹操又花重金笼络献帝的近臣，向献帝传达效忠的意愿。可惜，当时曹操的实力太弱，无法迎接献帝到自己身边。

但现在不一样了，曹操刚刚击溃了汝南、颍川的残余黄巾军，驻扎在许县，离洛阳咫尺之遥，这个地理条件对他进京勤王十分有利。曹操想起毛玠当初的建议，便与部下商议，打算把献帝迎到许县来。

不少部将反对说："崤山以东还没有平定，而且韩暹、杨奉等人自认为护驾有功，骄横得不得了，不容易对付，怎么能在这个时候接皇帝来呢？"

这时，谋士荀彧站出来支持曹操，他说："从前，晋文公尊奉周襄王，被各诸侯一致推举为霸主；汉高祖为义帝发丧，赢得天下百姓的归附。自从天子流离在外，您最先兴起义军，讨伐董卓，只因局势混乱，来不及远行迎驾。现在天子返回旧京，处境艰难，您正好借此机会奉迎天子，顺应民心。杨奉等人根本不值得担忧，请您尽快决断，不要被别人抢在前面。"

曹操打定主意，就派堂弟曹洪去洛阳迎接献帝。董承等人得知，派兵阻拦曹洪。议郎董昭一向看好曹操，就想帮曹洪解围，他知道杨奉、董承、韩暹等人互相猜忌，杨奉的兵马虽然强，却缺乏外援，就模仿曹操的口吻给杨奉写信说："杨将军，您有强大的军队，而我有充足的军粮，咱们俩可以互相支持、接济，一起辅佐天子。"

杨奉读了信，乐呵呵地对将领们说："曹操的军队就驻扎在许县，近在眼前，他们有兵有粮，国家应该依靠他们。"大家便一同举荐曹操为镇东将军。

过了几天，董承因为和韩暹闹矛盾，悄悄派人叫来曹操。曹操亲率大军进入洛阳，向献帝呈上最需要的枣、梨等食物，以及丝线、帐篷等物品，把献帝感动得直掉眼泪。

曹操又在董昭的建议下，向杨奉送上重礼表示感谢，还请求说："洛阳现在破破烂烂的，又缺衣少食，我想让天子暂时移驾鲁阳，那里靠近许县，我送物资过去比较方便。"

杨奉见曹操送来那么重的礼，而且只是提出迎天子到鲁阳，根本没有起疑。于是，曹操护送献帝离开了洛阳。等杨奉反应过来，发兵阻拦，献帝已经到了许县。曹操干脆将许县改为许都，以天子的名义出兵征讨杨奉，杨奉只好投奔袁术。

献帝到许都后，曹操对他可谓竭尽心力，不但送去各种急需的生活物资，还让人搜寻到一些宫中流失的东西，以及当初先帝赐给他养祖父曹腾的各种器物，然后恭恭敬敬地送给献帝，说："陛下，这些东西都是从前先帝赏赐给曹家的，现在原物归还，请您放心使用。"

献帝听了这样暖心的话，看着这些熟悉的物品，不由得感慨万千。自从当了皇帝，他就没过一天安生的日子，不是被董卓控制，就是被郭汜、李傕挟持，尤其这一年来，颠沛流离，连一顿饱饭都吃不上，更谈不上什么帝王的尊严。如今，曹操雪中送炭，不仅送来紧缺的衣食用具，还处处维护他这个天子的尊严。此刻在献帝的心中，曹操就是那个拯救他和汉朝的大英雄。这样的大英雄，当然得封个大官。于是，献帝任命曹操为大将军，封武平侯。

相比之下，袁绍的表现实在太差劲，献帝想想就来气，便下诏责备袁绍："你地盘最大，兵马最多，却整天想着结党营私，没见你有出兵勤王的举动，只听说你们擅自互相讨伐。"袁绍赶紧上书，为自己辩解，并道歉。献帝见他态度还算诚恳，就封他为太尉。

袁绍却嫌自己的官不如曹操大，在几个心腹面前大发雷霆："曹操那小子，要不是我出手相救，都不知道死了几回了。现在他竟然挟持天子，封自己为大将军，难不成还想对我发号施令？"曹操听说后，觉得自己现在招惹不起袁绍，便把大将军的职位让给了他。

曹操知道，虽然皇帝在自己手中，但要想成就大业，身边必须有一帮人才。于是，他请求荀彧给自己推荐有才干的人，荀彧首先举荐了郭嘉。

郭嘉是颍川人，之前他听说袁绍的名声，就前去投奔。待了一段时间后，他发现袁绍名不符实，便对袁绍的谋士辛评、郭图说："现在世道这么乱，选择主人时一定要谨慎。袁绍这个人，就是名气响而已，其实没什么能耐，既不懂得用人，做事又缺乏决断。跟着他，干不成大事。我打算另投明主，你们跟我一起走吗？"

辛评、郭图都感到不解，说："现在天下各路英雄中，袁绍的实力最强，除了他，还有谁值得归附呢？"郭嘉知道他们执迷不悟，便不再说什么，头也不回地离开了。

曹操赶紧把郭嘉请来，亲热得像老朋友一样，拉着他的手，畅谈天下大事。郭嘉见他如此真诚，也毫无隐瞒地表达自己的见解。谈完之后，曹操高兴地对身边的人说："能帮我成就大事的，就是郭嘉了！"郭嘉出来后，也激动地说："这才是我要投的明主啊！"从此，郭嘉就一心一意为曹操出谋划策。

荀彧还向曹操举荐了自己的侄子荀攸。曹操和他谈话后也很高兴，说："荀攸不是寻常人啊，有他帮我，我还有什么可忧虑的呢!"

这样，曹操手下除了原有的一批谋臣良将，现在又多了郭嘉、荀攸、孔融、徐晃、于禁等能人名士，他开始琢磨怎么"做强做大"。

结果，没等曹操动手，郭汜就先被自己的部将杀死，他的军队被李傕兼并。曹操便派宁辑将军段煨率军进攻李傕，并将其灭族。

接下来，曹操要对付的有扬州的袁术、幽州的公孙瓒、冀州的袁绍、荆州的刘表等人，就在他盘算着拿他们中的谁先开刀时，从江东传来一个大消息。

乃心王室

本意是忠于朝廷，后比喻爱国。

造　句：唐朝大将郭子仪虽然被皇帝夺
去兵权，却依旧乃心王室，以
致寝食难安。

---

① 这个故事的原文里还有成语"有无相通"（互通有无，互相接济）、"死生契阔"（契，合；阔，离。死生离合的意思）。

【 升堂拜母 】

《资治通鉴·汉纪五十三》

舒人周瑜与策同年，亦英达夙成，闻策声问，自舒来造焉，便推结分好，劝策徙居舒；策从之。瑜乃推道旁大宅与策，升堂拜母，有无通共。

译　文

舒县人周瑜与孙策同岁，也英武豪迈，少年早成，听说孙策的名声后，主动前来拜访。两人一见如故，有说不完的话。周瑜劝孙策移居舒县，孙策答应了。周瑜就把临近道路的一座大宅院让给孙策居住，还到内堂去拜见了孙策的母亲，两家经常互通有无。

小霸王横扫江东

自从袁绍发兵攻打阳城，他和堂弟袁术就彻底翻脸了。兄弟俩互相算计，各自寻找外援。当时，多数豪杰归附袁绍，袁术就愤怒地说："这些没出息的家伙不追随我，反而跟在我们家的家奴屁股后面跑！"骂完还不解气，又写信给公孙瓒，不承认袁绍是袁家的子孙。袁绍很愤怒，就联合荆州刺史刘表，打算南北钳制袁术。

袁术于是派孙坚去攻打荆州，刘表则派部将黄祖迎战。孙坚打败黄祖，包围了襄阳^①。黄祖见势不妙，就偷偷出城搬来救兵，却再次被孙坚打得屁滚尿流。然而，孙坚却在追赶黄祖时，被黄祖埋伏在竹林里的士兵射死。

少了孙坚这员骁将，袁术自然不是刘表的对手，他只好带着兵马转移到寿春，自称扬州刺史。

这天，袁术正想着怎么扩大地盘，士兵进来报告说："孙坚的儿子孙策求见。"

孙策刚满二十岁，身材颀（qí）长，英气逼人。他一进门就流着泪对袁术说："我父亲当年从长沙出发讨伐董卓，与您在南阳相会，共结盟好。不料功业未成，他就不幸遇难。我感念您对我父亲的旧恩，希望您将他原来的队伍交给我，我愿意继续为您效力。"

袁术见孙策年纪轻轻，却谈吐不凡，感到很惊异，心想："孙坚

---

① 今属湖北襄樊。以在襄水之阳，故名。

能有这么出息的儿子，死也瞑目了。"他想让孙策替自己卖命，就许诺说："只要你好好跟着我干，将来让你当九江郡太守。"孙策信以为真，打仗时总是非常卖力。

可是，孙策左等右等，却等来袁术派心腹陈纪去九江当太守的消息，他感到很失落。不久，袁术又让孙策去进攻庐江郡，并信誓旦旦地说："这次你如果能攻下庐江，这个地方就真的归你了。"

孙策拼死攻下庐江，但是袁术再次食言，任用部将刘勋为庐江郡太守。孙策失望透了，觉得跟着袁术没有前途，就想回故乡江东发展。

恰好这时，朝廷正式任命的扬州刺史刘繇要来上任。因为扬州的州府寿春已经被袁术占据，刘繇就把曲阿①的守将吴景赶跑，占领了曲阿。

吴景是孙策的舅舅。孙策就去找袁术，对他说："我舅舅遇到麻烦，我不能袖手旁观。我家世代居住在江东，对当地百姓有恩，请允许我回乡招募人马。等我帮舅舅解围，再竭尽全力辅佐您夺取天下。"

袁术知道孙策怨恨自己，本来不想让他去，可转念一想：刘繇实力不差，初出茅庐的孙策不见得是他的对手。而且，要平定江东，绕不过会稽郡，那会稽太守王朗也不是省油的灯，孙策在他手上讨不到什么便宜，于是同意了孙策的请求。

孙策便带着一千多人马出发，一边走一边招兵，到达历阳②时，已经聚起五六千人。孙策正高兴，士兵报告说："有个叫周瑜的，带着一支军队前来迎接将军。"孙策一听，更加欢喜。

原来，孙策十来岁时，就开始结交知名之士。周瑜与孙策同岁，

---

① 治所即今江苏丹阳市。
② 治所在今安徽和县。

也英武豪迈，少年早成，他听说了孙策的名声，主动前去拜访。两人一见如故，周瑜还升堂拜母 ①，从此二人成为知心朋友。前些日子，周瑜听说孙策在招兵买马，就向担任丹阳 ② 太守的伯父周尚要了一支军队，又筹措了不少军费与粮草，赶来支援。

见到周瑜，孙策紧紧地握住他的手，说："公瑾 ③ 啊，你能来真是太好啦。有你的支持，我一定能成功！"

孙策率领这支军队渡过长江，转战各地，没有人能抵挡住他的攻势。各地百姓听说孙策要来了，都惊慌失措，官员们则弃城出逃，躲进深山中。

结果，孙策进城后，严令将士不得惊扰百姓，哪怕是拿了一只鸡、一条狗、一棵青菜，都要军法处置。于是百姓欢呼雀跃，争相拿着牛肉、美酒去慰劳孙策的军队。人们见孙策长相俊美，谈吐风趣，虚心待人，都很喜欢他，凡是见过他的人，无论士大夫还是普通百姓，都愿意为他尽心办事。

不久，孙策的兵锋直指曲阿。刘繇听说后，赶忙调兵遣将，准备迎战。这时，有个叫太史慈的同乡来看望刘繇，有人就劝刘繇："太史慈是个了不起的勇士，您不妨任命他为大将，一定能打败孙策。"

刘繇摇了摇头说："太史慈太年轻了，没什么作战经验，如果让他做大将，别人会笑话我手下没人。"他只派太史慈去侦察孙策的动静。

这天，太史慈只带了一名骑兵外出，结果在神亭岭 ④ 碰到也出来侦察的孙策。当时跟随孙策的有十三名骑士，都是当年追随孙坚

① 古时彼此友谊深厚的人互相拜访时，常进入后堂去拜候对方的母亲。
② 治所在今江苏南京市。
③ 周瑜，字公瑾。
④ 在今江苏金坛市西北。

的旧将，个个骁勇善战。

太史慈毫无惧色，催马向前挑战。孙策也不含糊，挺枪上前。结果两人打了半天，也没分出胜负。突然，孙策一枪刺中太史慈的马，太史慈身子一晃，孙策眼疾手快，把他背上插的手戟夺了过来，而太史慈也不示弱，趁这工夫，一把摘下孙策的头盔。

孙策大叫一声："好身手！"正要挺枪再战时，两家的骑兵同时赶来，于是双方散开，各回各的营地。

刘繇虽然有太史慈这样的勇士，却不敢重用，最终被孙策击败，逃往丹徒①。孙策顺利进入曲阿，犒赏将士，并发布命令，通知各县："凡是刘繇的部下前来投降，一律不追究。凡是城中愿意当兵的，一家只要出一人，就可以免除全家的赋役。"

文告发布后，来归附的人络绎不绝，不到十天工夫，就得到两万多士兵。孙策因此名震江东，人们称他为"小霸王"。

刘繇吓坏了，又逃到豫章②，太史慈则逃往丹阳。

孙策又乘胜攻下会稽郡，自任为会稽太守。为了得到朝廷的认可，孙策派人向在许都的献帝进贡物品。曹操听说孙策在江东闹出了这么大动静，就想笼络他，于是上表推荐他为讨逆将军，还主动和他结为姻亲。

袁术见孙策一下子得了这么多地盘，忌恨不已，秘密派人前往丹阳郡，唆使地方豪强祖郎攻打孙策。祖郎哪里是孙策的对手，三两下就被生擒。孙策又打听到太史慈逃到丹阳后，在山越人③的拥护下，自称丹阳太守，便带兵前去，把太史慈也活捉了。

太史慈被五花大绑地押进帐中，孙策一边替他松绑，一边笑着问："还记得当初在神亭岭较量的情形吗？"

---

① 今属江苏镇江。
② 大致在今江西西北部（吉安以北）地区。
③ 类似山贼的武装集团。

太史慈说："没忘。"

孙策又问："如果你那时捉到我，会不会杀了我？"

太史慈把头一扬："那可说不准。"

孙策哈哈大笑："你是一条好汉，要是能和我一起干大事，就太好了。"太史慈也佩服孙策，就归降了他。

不久，刘繇病死在豫章郡，他手下的一万多将士没地方去，就想归顺豫章郡太守华歆。华歆是当时的名士，学问渊博，品德高尚，他不愿趁机获取好处，还打算把这些将士送走。

孙策听说后，就派太史慈前去打听情况，并叮嘱道："他们愿意来的就随你一同来，不愿意的你也好好安抚。另外观察一下华歆的能力如何。你需要带多少兵去？"

太史慈说："双方并没有交战，不宜多带人马，几十人足够了。"

孙策又问："什么时候能回来？"

太史慈回答："最多六十天。"

太史慈走后，大家议论纷纷，认为他一定不会再回来。孙策笑道："太史慈不是反复之人，他重道义，你们不要担忧。"

果然，太史慈如期带着刘繇的将士返回，并向孙策报告说："华歆人不错，但没什么谋略。"孙策拍手大笑，于是有了吞并豫章郡的想法。

建安四年（公元 199 年），孙策统率大军准备进攻豫章郡，驻扎在椒丘①，他对功曹虞翻说："华歆不是我的对手，一旦打起来，免不了死伤。我想请你跑一趟，跟他讲明我的意思。"

虞翻于是去拜见华歆，说："听说您和我们会稽郡的前任太守王朗在中原地区都享有盛名，受到大家的尊崇，虽然我居住在偏远的

---

① 在今江西新建东北。

东方，但是对您很景仰。”

华歆说：“你太客气了，我比不上王朗。”

虞翻又说：“不知豫章郡的粮草、武器以及民心，比我们会稽郡如何？”

华歆说：“远远比不上。”

虞翻说：“您说名望不如王朗，是谦虚之词，但兵力比不上会稽，却是事实。孙将军智谋出众，用兵如神。而您明明知道自己粮草不足，兵力不强，却不早做打算，等到城破那天再后悔，就来不及了。现在孙将军的大军已经到了椒丘，如果明天中午迎接他的檄文还没送到，我就见不到您了。”

华歆沉思了一会儿，说道：“我在江南待得太久了，经常思念北方的家乡，孙将军一到，我就离开。”于是连夜写好檄文，第二天一早，就派人送到孙策军中。

这样，孙策不费一兵一卒就兼并了豫章郡，整个江东——江南的半壁江山，都牢牢地掌握在他的手中。

升堂拜母

升，登上；堂，古代指宫室的前屋。拜见对方的母亲。指互相结拜为友好人家。

造　句：	三国时，有升堂拜母之谊的，除了孙策、周瑜，还有鲁肃和吕蒙。
近义词：	义结金兰

〖 不知丁董 〗

《资治通鉴·汉纪五十四》

顾谓刘备曰:"玄德,卿为坐上客,我为降虏,绳缚我急,独不可一言邪!"操笑曰:"缚虎不得不急。"乃命缓布缚,刘备曰:"不可。明公不见吕布事丁建阳、董太师乎!"操颔(hàn)之。布目备曰:"大耳儿,最叵(pǒ)信!"

译 文

吕布又回头对刘备说:"玄德老弟,你是座上客,我为阶下囚,这绳子把我捆得太紧了,你难道不能帮我说几句好话吗?"曹操笑着说:"捆绑猛虎,不能不紧一点儿。"于是下令给吕布松绑。刘备说:"不行,您难道忘了丁原与董卓是怎么死的吗?"曹操点头赞同。吕布瞪着刘备说:"你这个大耳朵的家伙,最不可信了!"

大耳朵的家伙不可信

当初，吕布在兖州被曹操打得如丧家之犬，不知道该往哪儿逃。想来想去，想到袁绍、袁术这些人被自己得罪了个遍，他只好狼狈地投奔曹操的老冤家——徐州牧陶谦。

可是，吕布去的不是时候，陶谦刚病死。临死前，他交代属官糜竺："刘备忠厚仁义，除了他，没有人可以保护本州的安全。"陶谦去世后，糜竺便率领当地官民迎接刘备进城当了徐州牧。

吕布一见刘备，就痛骂关东将领说："我杀了董卓，立下大功，他们不仅不收留我，还都想杀我。"他一边说一边观察刘备的脸色，见刘备一脸平静，便开始套近乎："啊呀，我越看越觉得你人不错，不如做我的弟弟吧。"刘备觉得吕布说话没个分寸，心里很不高兴，却没有表露出来。

不久，袁术对刘备不费吹灰之力就得到了徐州，十分眼红，就趁他还没站稳脚跟，发兵前来夺取。刘备只好派部将张飞驻守下邳，自己率军前去抵抗袁术。结果，双方相持了一个多月，也没分出胜负。

袁术见一时半会儿拿不下徐州，便心生一计，写信给吕布说："你带兵袭击下邳，我可以给你供应粮草。"

吕布见有机可乘，全然忘了自己前不久还和刘备称兄道弟，立即率军攻打张飞。张飞不敌，刘备只好撤军回救下邳，结果也被吕布打败。刘备带着残兵来到广陵，又遭到袁术的痛击。接连吃败仗，刘备的士气相当低落，偏偏军粮也吃完了，没办法，他只好向吕布投降。

吕布很得意，自封为徐州牧，还找袁术要粮草，没想到袁术反悔了。吕布气急败坏，给了刘备一些兵马，让他驻扎在小沛[1]，和自己一起对付袁术。

袁术很害怕，为了稳住吕布，就为自己的儿子向吕布的女儿求婚，吕布也不想结仇，就答应了。袁术没有了后顾之忧，又派部将纪灵前去攻打刘备。

刘备知道自己不是纪灵的对手，赶紧向吕布求救。吕布的部将就建议："不如借袁术之手杀了刘备，免生后患。"

吕布听了直摇头，说："小沛要是被袁术夺了去，他再往北边发展，就把徐州包围了，接下来要对付我了，所以刘备不能不救。"于是率领一千多人赶到小沛。

纪灵听说大名鼎鼎的吕布来了，不敢轻举妄动，当即收兵回营，并设宴招待吕布。吕布就拉上刘备同去。

落座后，吕布对纪灵说："玄德[2]是我的老弟，被你们围困，所以我来救他。"纪灵不吭声，刘备却高兴得直点头。

吕布接着说道："我生平不喜欢看到别人争斗，只喜欢替人化解矛盾。"说完命令士兵把他的铁戟竖立在营门，并拿来弓箭。然后，他从座位上站起来，把箭搭在弓上，朗声道："诸位，看我射戟上的小支[3]，射中了，你们就各自罢兵。如果不中，你们可以继续厮杀。谁不听劝，就是跟我作对！"随即他拉满弓，射出那箭，结果不偏不倚正中小支。

众人都看呆了，纷纷称赞："将军真是天赋神威！"纪灵无奈，

---

① 即今江苏沛县。
② 刘备，字玄德。
③ 指戟上横出的刃。

只好率领军队回去向袁术报告。

刘备担心袁术再来进攻，赶紧招兵买马，壮大自己，很快集合起一支万余人的部队。这下，吕布又不高兴了，觉得刘备是个威胁，就亲自出兵去教训他。刘备知道自己打不过吕布，左想右想，决定投奔吕布的死敌——曹操。

曹操正招贤纳士，见刘备来投，十分高兴，拨给他一些军队，

仍让他到小沛一带，集合旧部，与吕布对抗。

建安三年（公元 198 年），吕布又与袁术联手进攻刘备，曹操亲自带兵前去援救。

谋士陈宫劝吕布："应当主动出兵，给曹操来一个迎头痛击。"吕布却自负地说："等他们到齐了，我一块赶到泗水中淹死。"

这年十月，曹操攻下彭城，进抵下邳。吕布亲自迎战，却屡战屡败，只好退守城池，不再出战。

曹操于是写信劝吕布投降。吕布很恐惧，对陈宫说："如今曹操兵强马壮的，天子又在他手里，我们不是他的对手啊，还是投降吧。"

陈宫劝道："曹操率军远征，不会停留太久，只要我们合理用兵，就有胜算。将军您不妨率领主力驻扎在城外，我和余下的将士驻守城内，如果曹操与您激战，我就攻击曹操的后背；如果曹操选择攻城，您可以在外援救。不出一个月，曹操的军粮就会吃完，到那时我们再内外夹攻，一定能取胜。"

吕布觉得这个办法可行，就同意了。然而，吕布的妻子听说他要带兵出城，就哭哭啼啼地说："当初曹操对陈宫那么好，他还要背叛曹操，您对他肯定不如曹操，他凭什么与您共生死呢？您如果听从陈宫的计划出了城，万一有什么变故，让我一个女人家怎么办呀？"

吕布只好取消了这个计划，艰难地与曹操又相持了一个月。

这天，无计可施的吕布登上白门楼，对城外的曹军大喊："你们不要这样逼我，我会向明公投降的。"

陈宫很反感，说道："曹操是个逆贼，怎么配称明公？现在去投降，就是送死！"

然而，吕布的几名得力干将也动了投降的心思，他们见陈宫反对，当天夜里便冷不丁闯进陈宫的住处，绑着他逃出城，归降了曹操。

第二天一早，士兵才向吕布报告这件事。吕布大惊，来到城楼，见城周围的沟渠里都是水，曹军正有序布阵，知道大势已去，便对左右亲兵说："你们快将我的头颅砍下，拿去投降曹操，或许能够保全性命。"亲兵们不忍下手，吕布就自己走下白门楼，向围过来的曹兵投降。

很快，吕布被五花大绑推进曹操的军帐。刘备也在，吕布一见他，赶紧求救："玄德老弟啊，他们绑得也太紧了，我的手臂都麻了！你现在是明公的座上客，赶紧替哥哥说几句好话呀！"刘备不吱声。

曹操哈哈一笑，说道："绑老虎怎么能不绑紧一点儿呢？"

吕布见曹操笑眯眯的，话锋一转，说："从今以后，天下就可以平定了。"

曹操对吕布冷不丁冒出这么句话觉得很奇怪，就问："为什么这样说？"

"明公您顾忌的，不过是我吕布。现在我投降了，若能留我性命，我一定为您冲锋陷阵，扫平各路诸侯，辅佐您称霸天下。"

曹操心头一动，即便被五花大绑，吕布仍然流露出睥睨天下的气概，如果能收入帐下，那自己统一天下的霸业就能更快实现。这么想着，他便准备放了吕布，却见坐在一旁的刘备一副若有所思的样子，便问："玄德啊，这事你怎么看？"

刘备淡淡地说："曹公，吕布在战场上驰骋纵横，宛如项羽再生，的确是当今世上不可多得的骁将啊！"

真是英雄所见略同啊！曹操笑了笑，正要上前解开吕布身上的绳索，耳边却又飘来刘备漫不经心的一句话："不过，曹公您可别忘了丁原和董卓是怎么死的哦！"

曹操心头一凛，顿住了脚步：吕布先后跟过丁原、董卓，丁、董二人最后都死在他手上。吕布的确骁勇善战，却也反复无常、薄情寡义。如果把这样的人留在身边，恐怕睡觉都不会踏实。

吕布本来还指望刘备能替自己求情，毕竟他救过刘备。所以一听到刘备这个话，吕布怒火中烧，恨不得上前把刘备撕成碎片，可是他双手被捆，只能怒骂道："你忘了我射戟救你的事啦？你不但不替我求情，还说出这种置我于死地的话来，真是狠毒啊！你这个大耳朵的家伙①，真是忘恩负义！"刘备只当没听见。

---

① 刘备长得跟别人不一样，手很长，下垂时能超过膝盖，耳朵很大，大到自己的眼睛都能看到。

　　曹操又问同样被绑住的陈宫："你一向自夸足智多谋，怎么成了我的阶下囚呢？"

　　陈宫指着吕布恨恨地说："此人不肯用我的计策，才落到这样的下场。但凡他肯听我的，结局怎么样还不一定。"

　　曹操爱惜陈宫的才华，希望他能够归顺自己，便说："虽然你在兖州害过我，但只要你归降，过去的事一笔勾销。"

　　陈宫厉声道："逆贼！我宁死也不降！"

　　曹操也不生气，仍然耐心地劝道："那你的老母亲怎么办哪？"

　　陈宫一听他提到母亲，态度立刻缓和下来："我听说，以孝道治理天下的人，不会伤害别人的双亲。我老母亲的生死，取决于您，而不在我。"

　　曹操又问："那你的妻儿怎么办？"

　　陈宫平静地说："以仁政治天下的人，不会灭绝别人的后代。我妻儿的生死，也取决于您，不在我。"

　　曹操听了，沉默不语。

　　陈宫叹了口气："我的话说完了，可以死了。"然后自己走出门，不再回头。

　　曹操目送着他的背影，不禁流下泪水。

　　这天，曹操把陈宫和吕布都杀了，然后派人去接陈宫的母亲和妻儿，并交代要好好照顾他们。

成语学习①

不 知 丁 董

丁，指丁原，字建阳；董，即董卓。丁、董两人都因吕布而死。比喻不知前车之鉴。

造　句：	这件事跟上次一样，他却不知丁董，还那样做，又栽了个跟头。
近义词：	重蹈覆辙
反义词：	前车之鉴

---

① 这个故事的原文里还有成语"冢中枯骨"（冢，坟墓。坟墓里的枯骨。比喻没有力量的人）。

〖 迅雷风烈 〗

《资治通鉴·汉纪五十五》

操从容谓备曰:"今天下英雄,惟使君与操耳,本初之徒,不足数也!"备方食,失匕箸;值天雷震,备因曰:"圣人云'迅雷风烈必变',良有以也。"

译 文

曹操从容地对刘备说:"如今天下的英雄,只有您和我罢了,袁绍之流,是算不上数的!"刘备正在吃东西,一听这话,汤匙和筷子都掉了。正遇到天上打雷,刘备趁机说:"圣人说:'遇到迅雷和暴风,天地必定变色。'真是这样。"

青梅煮酒论英雄

刘备跟着曹操返回许都的路上，一想到吕布的死，就心生兔死狐悲之感，毕竟他现在也是寄人篱下，不知道哪天因为一句话、一个举动就被曹操给杀了。

说起来，刘备还是西汉皇族的后代，但到他这一辈，已经沦落到靠贩卖草鞋、编织席子为生了。

不过，刘备自小就和别人不一样。他家庭院的篱笆墙边，长了一棵高大的桑树，枝繁叶茂，远远望去，好像一顶巨大的车盖。刘备经常和小伙伴们在树下玩耍，玩累了，就一屁股坐在树下，指着头顶的"车盖"，对大家说："我长大了一定会乘坐这个皇帝才能坐的羽葆盖车。"他的叔父刘子敬听见了，就会训斥他："别胡说！说这话可是要灭族的！"

刘备的族叔刘元起却因此对刘备另眼相看，经常接济他。在这位族叔的资助下，长大后的刘备开始外出游学，和好朋友公孙瓒一起拜当时的大儒卢植为师，学习儒家经义。

刘备为人仁厚，喜欢结交豪侠之士，吸引了不少年轻人前来，其中有两个壮士，一个叫关羽，另一个叫张飞，他们都一身武艺，和刘备特别谈得来，于是结为异姓兄弟。对外，他们是上下级关系，每到人多的场合，关羽和张飞就寸步不离地守在刘备身边，忠心耿耿地保护他；对内，三人形影不离，经常同在一张桌上吃饭、一张床上睡觉，比亲兄弟还亲。

后来，公孙瓒因为剿灭青州黄巾军而威名大震，刘备就去投靠他。公孙瓒派他与部将田楷夺取青州。刘备立下战功，被任命为平原国的国相。有个叫赵云的年轻人，原是公孙瓒的下属，见刘备为人忠厚，便跟着他一起去平原国，为他统领骑兵。

等到曹操为报父仇，攻打徐州牧陶谦时，刘备就去援救陶谦，所以陶谦临死前把偌大的徐州给了刘备。没想到，袁术眼红刘备得了徐州，发兵前来攻打，还唆使吕布"窝里反"，刘备打不过吕布，只好前往许都投奔曹操。

当时，不少人都劝曹操杀了刘备，说："刘备这个人有大志向，又很懂得笼络人心，现在不除掉，将来恐怕会成为您的劲敌。"

曹操被他们这么一说，也有点儿担忧，就去问谋士郭嘉的意见。郭嘉说："刘备确实是个英雄。可是主公您举义兵除暴安良，诚心诚意地招募天下豪杰，还唯恐他们不来。现在刘备走投无路前来投靠，如果您杀了他，只会得到一个谋害贤才的恶名。那样的话，天下英雄谁还敢来投奔您呢？到时候您与谁一起平定天下呢？"

曹操豁然开朗，大笑道："你说得很对。"从此对刘备十分优待，还帮他打败吕布，重新夺回了徐州。

然而，刘备却高兴不起来，因为吕布虽然死了，徐州却没有回到他手里，而是被曹操收入囊中，由其部将车胄驻守。一想到几番折腾后，徐州最终成了曹操的地盘，刘备就很郁闷，很不甘心。

这天，车骑将军董承突然派人来请刘备喝酒。一见面，董承就从怀中掏出一条衣带。刘备接过来一看，大惊失色，这是一份写满血字的诏书。

只听董承说："曹操名义上拥戴皇上，其实是把皇上攥在手心，为他自己打算。皇上不想再被他利用，就用鲜血写了一份诏书，缝在衣带里，秘密交给我，要我找人诛杀曹操。您是汉室后裔，有仁义忠厚的美名，所以我来找您。"

刘备考虑了半天，才说："这件事我义不容辞，只是关系重大，一定要仔细谋划才能行动。"

为了不引起曹操的怀疑，刘备就在自己的后院开了一块地，开始种起菜来。每天从早到晚，他都在菜地里忙活，松土、播种、浇水、除虫，一副醉心田园生活、不问世事的做派。

这天，刘备正在给菜地锄草，曹操派人请他过去。刘备吓了一跳，担心"衣带诏"一事暴露了，忙问来人："有什么事吗？"来人摇了摇头。刘备只好硬着头皮跟着他走，一路上都很忐忑。

刘备一进门，曹操就迎了上来，笑着说："玄德老弟，你可真行，竟然做起隐士来了。"刘备一愣，马上明白曹操指的是自己种菜的事，不禁松了一口气，赔笑道："让您见笑了。"

两人在早已摆好的宴席旁坐下，一边喝酒，一边天南地北地聊起来。曹操的兴致很高，聊着聊着，就说到天下形势，他突然问刘备："你觉得当今世上谁是真正的英雄？"

刘备假装低头喝酒："我整天只知道种菜，哪识得出英雄啊？"

曹操哈哈笑道："老弟不要谦虚，尽管说。"

刘备只好逐一列举袁绍、袁术、刘表等人的名字，曹操听了都摇头。这时，窗外的天气渐渐有了些变化，空中布满了乌云，一层层正涌动着。

刘备小心翼翼地反问道："您觉得谁才是英雄？"

曹操指着天空说："这翻滚的乌云像不像一条龙？龙是少有的神物，英雄也是。要我说，当今天下算得上英雄的，只有你我二人。"

刘备正准备夹菜吃，听到这话，吓得浑身一抖，手里的筷子掉在了地上。恰巧此时，一道闪电划过，紧接着是一阵隆隆的雷声。刘备趁这个机会，一边弯腰捡起筷子，一边自嘲道："外面迅雷风烈的，吓得我筷子都掉了。"

酒席散后，刘备担心曹操起疑，打算离开许都。正当他挖空心思找机会时，机会很快送上门来了：曹操派他去截击袁术。

原来，两年前，袁术终于忍不住在寿春称帝。可是，当了皇帝后，袁术只顾自己享受，完全不管手下将士的死活。不久，军中储存的各种物资都被耗尽，维持不下去了，士兵不断逃走。袁术无计可施，只好厚着脸皮向袁绍求援，并提出将皇帝的尊号让给他。袁绍暗自高兴，让儿子袁谭从青州去接袁术，想从下邳北边通过。

曹操得知后，马上安排刘备率军拦截。刘备有了逃跑的机会，激动得心都快跳出胸膛了，当即领了兵马赶往下邳。郭嘉觉察出不对劲，劝曹操另外派人去，曹操也意识到自己可能放虎归山，赶紧派人去追刘备，却没追上。

袁术遭到刘备的截击，只好退回寿春，不久气闷成病，吐血而死，临死前大喊："我袁术竟然落到这个地步！"

刘备好不容易出来了，自然不会再回去，他和关羽、张飞到了徐州，把守城的车胄骗出来杀了。这样，徐州重新回到刘备的手里，他让关羽镇守下邳，自己和张飞回到小沛。

很多郡县长官听说刘备回到徐州，都背叛曹操，跑来归附。刘备的人马很快就增加到数万，他知道曹操一定不会放过自己，就加紧训练兵马，并派人去联络袁绍一起抗曹。

果然，曹操得知刘备占了徐州，立即派兵前来攻打，结果失败。恰在这时，"衣带诏"的事情泄露，曹操大怒，把董承等人全部诛杀，并决定亲自讨伐刘备。可是，将领们都劝道："袁绍早就对您迎奉天子、发号施令不满了，正日夜谋划攻打许都，他才是您最大的威胁。现在您要向东讨伐刘备，如果袁绍从背后攻击，我们怎么办？"

曹操说："刘备是人中豪杰，这次如果放过他，将来必定成为祸患。"

郭嘉也支持曹操的决定，他说："袁绍多疑，做事缺乏决断，即使真的来进攻，也不会太快。刘备刚刚创立基业，人心不稳，就是要趁这个时候迅速解决他。"

曹操于是挥师攻打刘备。袁绍的谋士田丰听说后，就对袁绍说："曹操现在忙着打刘备，您可以趁机袭击许都，肯定一举成功。"

袁绍犹豫不决，说："我小儿子现在正生病呢，我怎么能去打仗呢！"

田丰退出来后，用手里的木杖不断敲击地面，叹息道："唉！碰到这种千载难逢的机会，却因为儿子的病而放弃，多可惜啊，大事完了！"

刘备势单力薄，自然不是曹操的对手，很快就被打败，连妻儿都让曹操抓了去。接着，曹操又攻克下邳，活捉了关羽。刘备沮丧极了，好不容易抢回来的徐州又丢了，他只好一个人孤零零地逃往冀州，打算投奔袁绍。

这时，袁绍已经消灭了公孙瓒，兼并了他的军队，又占据了冀州、幽州、并州、青州，正春风得意呢，听说刘备来投，十分高兴，亲自出城二百里迎接，完全不介意几个月前刘备截击堂弟袁术的事。

迅雷风烈

迅，急速；烈，猛烈。急猛的雷和狂烈的风。形容突如其来的巨大变动。

造　句：	这个突如其来的消息，迅雷风烈般冲击着我们的大脑，令我们半天才回过神来。
近义词：	疾风迅雷、雷厉风行
反义词：	和风细雨

【 多疑少决 】

诩说绣附于刘表，绣从之。诩往见表，表以客礼待之。诩曰："表，平世三公才也，不见事变，多疑无决，无能为也！"

译 文

贾诩劝说张绣归附刘表，张绣同意了。贾诩去见刘表，刘表用宾客的礼节招待他。贾诩与刘表接触后，对张绣说："刘表在天下太平时，是担任三公的人才。但他看不清乱世的变化，为人多疑，做事缺乏决断，不会有所作为！"

仇人相见分外亲

　　自从曹操把献帝接到许都，以天子的名义发号施令后，就和袁绍闹翻了。虽然曹操把大将军的职位让给了袁绍，但他经常发布一些对袁绍不利的诏书，让袁绍很恼火。袁绍就想把献帝迁到离自己近的地方，于是派使者去游说曹操："许都地势太低啦，一年四季都很潮湿，洛阳城也破败不堪，这两处都不适合天子居住。最好把天子迁到鄄城，那里周边都是富裕的地区，能保证各种物资供应。"可是，任凭使者怎么说，曹操就是不答应。

　　袁绍无计可施，谋士田丰就劝他："曹操既然拒绝迁都，我们就以这个为借口，进攻许都，把天子迎到我们这里来，然后利用皇帝的诏书，号令全国。"但当时袁绍正集中精力对付公孙瓒，便暂时放下了这件事。

　　建安四年（公元 199 年），袁绍消灭了公孙瓒，准备攻打许都。为了寻找外援，袁绍把曹操的敌人在脑子里过了一遍，看中了驻守宛城的张绣，便派人前去拉拢。

　　张绣是张济的侄子。当初张济护送汉献帝返回洛阳的途中，因为和董承等人有矛盾，便联合李傕、郭汜抢夺献帝，结果没有成功。后来，张济因军中缺粮，就跑到荆州牧刘表的地盘抢粮，结果运气太差，粮没抢到，自己倒被流箭射死了。

　　荆州的官员都向刘表祝贺，刘表却说："张济因为穷途潦倒才来到我的地界，我作为主人，没有尽到礼节，导致双方交锋，这并不是我的本意。我只接受哀悼，不接受祝贺。"他派人去收容张济的军队。当时张绣也在军中，刘表就让他接管这支军队，驻守在宛城。

当初给李傕、郭汜出主意，让他们带凉州兵杀回长安的贾诩，在献帝离开长安后，先是投靠了宁辑将军段煨，后来又去投奔张绣。张绣因为军中没有谋士，就像晚辈对待长辈那样敬重贾诩。贾诩也全心全意为张绣谋划，劝他说："天下太平时，刘表的确是担任三公的人才，但他看不清乱世的变化，遇事多疑少决，不会有大作为的，还是留意其他人吧，有机会就去投奔！"

再说曹操那边，他听说袁绍正在打张绣的主意，再加上自己对荆州早就虎视眈眈，就打算先除掉张绣。没想到，曹操的大军刚到，张绣觉得自己胜算不大，就投降了。

宛城历来是兵家必争之地，曹操轻而易举就得到了，自然十分高兴，当晚就大摆宴席，招待张绣和他的部下。

结果，在宴会上，曹操见到张绣的婶婶，也就是张济漂亮的妻子，一下子就喜欢上了，强行把她纳为自己的姬妾。这让张绣心里很不是滋味。几天后，曹操又送了许多金银珠宝给张绣的部下。张绣知道后很不安，心想："曹操为人奸诈，难道他想收买我的部下来害我？"他越想越害怕，决心先下手为强，于是带着人马突袭曹军。

曹操没有任何防备，仓促应战。交战中，他被流箭射中，狼狈倒地。危急关头，典韦带着卫士们冲杀上来，先掩护曹操逃走，然后再与张绣厮杀。

张绣也知道典韦勇猛，一开始不敢靠近，只让人在远处放箭，等典韦身边的卫士一个接一个倒下，才命人将他团团围住。有两人绕到典韦身后，想活捉他。典韦大吼一声，一手抓起一个扔了出去，把两人活活摔死了。张绣的人吓呆了，都不敢再上前。但此时，典韦身上也有几十处伤口，血汩（gǔ）汩地往外涌，他知道自己不行了，趁着还有一口气，双目圆睁，怒骂张绣，直到气绝身亡。与典韦一同被杀的，还有曹操的长子曹昂。

曹操收集残部，退到舞阴①。张绣率领骑兵前来追击，被曹操击败，于是退回穰城②，再次和刘表联合。

曹操痛失爱子与爱将，军队伤亡惨重，士气十分低落。偏偏这个时候，袁绍还往曹操伤口上撒盐，写信狠狠地羞辱了他一番。回到许都后，曹操痛定思痛，召开全军大会，反思自己的过错："张绣反叛，根源在我，骄傲自大，作风不检点，我应该为此负责。"他的坦诚感动了大家，士气得以重振。

这年冬天，曹操再次进攻张绣，攻占湖阳③，活捉了刘表的部将邓济，小小地报复了一番。

第二年，曹操准备第三次进攻张绣，荀攸劝阻说："现在不是出兵的好时机。张绣与刘表相互依靠，力量不可小觑。不过，张绣毕竟是外来的军队，粮草完全依赖刘表，短期内当然没问题，时间一长，刘表肯定供不起，两人最后一定会因此闹翻。现在先不出兵，等待变化。如果逼得太紧，反而促使他们更加团结。"

曹操一心想灭了张绣，执意发兵，并很快包围了穰城。这时，从袁绍那边跑来一名逃兵，对曹操说起田丰劝袁绍进攻许都的事。曹操害怕袁绍趁机把自己的大本营给端了，于是下令撤退。

张绣见曹操不战而逃，便打算追击。贾诩拦住他说："不能追，追必败！"张绣不听，率领精兵追赶，结果遭到曹操伏兵的前后夹击，大败而归。

贾诩在城楼上，望见张绣的人马屁滚尿流地回来，连忙朝张绣喊道："赶紧去追，这次必胜！"

---

① 治所在今河南泌阳西北。
② 治所即今河南邓州市。
③ 在今河南唐河西南。

张绣很不好意思，抱歉地说："上次没有听您的话，中了曹操的诡计，为什么您还叫我去追呢？"

贾诩催促道："战场上的事，变化莫测，先别说那么多，赶紧追！"

张绣这次听了，立即收拾残兵败将，再去追赶，果然得胜而归。

回来后，张绣问贾诩："您真是料事如神！第一次我带精兵去追曹操的败兵，您说必败；这次我用败兵去追他的胜军，您却说必胜。究竟是什么原因啊？"

贾诩笑道："其实很好理解。曹操兵强马壮，实力远在将军您之上。刚开始撤退，曹操一定会亲自断后，所以将军您必败。曹操击败您后，没有乘胜追击，一定是他的后方发生了变故，他急着赶回去，让其他将领断后。那些将领虽然勇猛，却不是您的对手。"张绣听了，对贾诩佩服得五体投地。

曹操赶回许都后，发现袁绍并没有来进攻，不由得松了一口气，正盘算着怎么再去攻打张绣时，突然听到手下人报告说："张绣来投降了！"曹操又惊又喜，真有点儿不敢相信自己的耳朵。

原来，就在曹操撤军回许都的路上，袁绍的使者也到了张绣的营中，提出非常优厚的条件。张绣很动心，大摆宴席，款待使者。席间，贾诩端起酒杯，走到使者面前，高声说："回去以后，请替我们谢谢袁将军的好意，他和堂弟袁术尚且水火不容，难道还能容得天下的英雄豪杰吗？"

张绣惊呆了，手里的酒杯差点儿掉到地上，使者走后，他立即责问贾诩："您怎么能那样说呢？现在彻底把袁绍得罪了，说不定他马上就会来攻打我们，到时候我们该怎么办？"

贾诩淡定地说："很好办，我们去投靠曹操。"

"什么？投降曹操？"张绣更吃惊了。

贾诩笃定地说:"对!投降曹操!"

张绣眉头紧锁:"袁绍实力雄厚,曹操势单力孤,这是天下人都看得出的。而且我们和曹操结过仇,他的爱子、爱将都死在我们手里,他怎么可能接纳我们?"

贾诩不紧不慢地说:"将军您的担心恰恰是我们应当归附曹操的理由。首先,曹操尊奉天子,号令天下,可谓名正言顺。第二,袁绍强盛,我们人马不多,这个时候去投靠,不过是锦上添花,袁绍一定不会重视我们;而曹操势单力薄,我们前去,就是雪中送炭,他求之不得啊。第三,想称霸天下的人,一定不会计较个人恩怨。"

张绣豁然开朗,便听从贾诩的建议,率部投降曹操。

曹操果然不计前嫌,大老远出来迎接,握着张绣的手呵呵笑个不停。当晚,曹操设宴招待张绣,并当场结为儿女亲家。第二天,曹操上表任命张绣为扬武将军,推荐贾诩担任执金吾,封都亭侯。

袁绍得知张绣跑到曹操那边去了,气得直跳脚,马上派人去荆州,想把刘表拉到自己阵营里。刘表口头上答应,却跟其他地方势力一样,保持中立,坐山观虎斗。

就在袁绍恼怒又沮丧时,被曹操打败的刘备前来投靠,这让他大喜过望,总算扳回点儿面子,于是出城二百里迎接。

成语学习

多疑少决

遇事疑虑很多，缺少决断力。

造　句：	他虽然很聪明，却有个致命的
	缺点，那就是多疑少决，遇事
	不果断。
近义词：	狐疑不决、优柔寡断
反义词：	当机立断、英明果断

【 色厉胆薄 】

《资治通鉴·汉纪五十五》

　　许下诸将闻绍将攻许，皆惧，曹操曰："吾知绍之为人，志大而智小，色厉而胆薄，忌克而少威，兵多而分画不明，将骄而政令不壹，土地虽广，粮食虽丰，适足以为吾奉也。"

译　文

　　许都的将领们听说袁绍要来进攻，都很害怕。曹操安抚他们说："我很了解袁绍，他看上去志向很大实则智谋短浅，外表勇武实则内心胆怯，猜忌刻薄而缺少威信，人马虽多而调度无方，将领骄横而政令不一。袁绍虽然土地广大、粮食丰足，但这些都是为我们准备的。"

袁曹官渡决战

建安五年（公元200年），袁绍决定跟曹操决战，他对将领们说："我想率领十万精兵，一举灭了曹操，大家觉得怎么样？"

谋士郭图、审配马上说："主公用兵如神，我们兵强粮足，对付曹操易如反掌！"

监军沮授却连连摇头："这几年攻打公孙瓒，将士和百姓都疲惫不堪，还是好好休整后再做打算吧。"

之前几次劝袁绍攻打曹操的谋士田丰也站出来反对："曹操攻打刘备时，许都空虚，如果那时候出兵，稳赢。可惜错过了时机。曹操的兵马虽然比我们少，但他善于用兵，现在我们最好按兵不动，等待新的机会。"

袁绍一听就来气：田丰你什么意思？是说我不如曹操会用兵吗？于是找了个"扰乱军心"的借口，把田丰关了起来。随后，袁绍向各州郡发布通告，一一列举曹操的罪过，宣布正式征讨曹操。

许都的将领们听说袁绍率领十万大军前来，都很害怕，他们觉得袁绍兵多粮足，手下还有不少谋士、猛将，自己这边肯定打不过。

曹操看出大家的畏惧心理，便安抚说："袁绍这个人，我太了解了，志向很大但智谋不足，色厉胆薄，而且为人刻薄多疑，缺少威信，兵马虽多，却调度无方。别看他土地广，粮草足，但那都是为我们准备的。"

谋士荀彧也站出来鼓舞士气："袁绍的几个谋士，不是贪婪，就是喜欢弄权，本事不大却自以为是，也就田丰性格刚直，有点儿谋略，偏偏袁绍不欣赏他。这几个人已经就不团结了，迟早会起内讧。那些所谓的猛将，不过是有勇无谋之人。没啥好怕的。"众人这才稍稍心安。

不过，曹操也不敢马虎，他立即调兵遣将，派臧霸率领精兵进入青州，防止袁绍从东面袭击许都，又命于禁屯守黄河北岸的重要渡口——延津①，随时支援驻守在黄河南岸白马的东郡太守刘延，阻止袁绍渡河南下。考虑到袁绍兵力占绝对优势，一旦袁军渡过黄河，官渡②是最后的防守要冲，曹操又在官渡部署了大量兵力。

袁绍没有从东面袭击许都，而是派大将颜良率领一支先锋部队进攻白马③，为主力军渡河南下开路。

曹操闻讯，立即率领轻骑部队前去救援。到达白马后，他正想着派谁打头阵时，耳边有人朗声道："曹公，请让我去。"

曹操扭头一看，原来是关羽。关羽在下邳被曹操活捉后，因为没有刘备的消息，便暂时留了下来。曹操很器重关羽，但也看出他没有久留的打算，就派人去劝说。关羽叹息道："我知道曹公对我的厚爱，但我已经发誓要与刘备将军同生共死，我不能食言。不过，我一定会报答曹公的。"曹操既感到惋惜，又很钦佩关羽的义气。

这会儿曹操见关羽主动请缨，若有所思地点了点头。关羽拍马上前，一眼望见颜良的旌旗伞盖，立即直奔而去。袁军那边只看见一阵风似的从曹军队伍里冲出来一人一马，还没瞧个真切，就听到一声惊呼："颜将军的头被砍了！"没等众人回过神来，那一人一马又一阵风似的跑了回去。袁军将士没了主帅，顿时像炸了锅一样，四散溃逃。

---

① 对古代黄河流经今河南延津西北至滑县以北一段的重要渡口的总称。
② 在今河南中牟东北。
③ 治所在今河南滑县。

白马之围就这样被关羽轻松破解了。曹操自然很高兴，重重地赏赐了关羽。但关羽已经打听到刘备在袁绍军中，于是把所有赏赐都封存好，并留下一封辞别信，找刘备去了。有的将领要去追他，曹操却感慨道："各为其主，别追了。"然后下令护送全城百姓沿黄河向西迁徙。

袁绍得知颜良被斩，心疼得直掉眼泪，命令全军立即渡河追击曹操。沮授劝道："先派一支小分队过河追击，如果他们打胜了，再回来迎接大军也不晚，否则大军渡河，一旦打了败仗，大家就没有退路了。"

可是袁绍听不进劝，坚持渡河。沮授只好一边过河一边叹息说："主上狂妄自大，不听劝告，悠悠黄河啊，我们能成功吗？"袁绍听了这话，很不痛快，就解除了沮授的兵权，把他的军队全部拨归郭图指挥。

大军到达延津南时，袁绍派大将文丑和刘备率领五六千名骑兵，先去追击曹军。当时曹操的军队在南阪下扎营，曹操命探子登高观察，随时报告敌情。

探子先是报告说："来了五六百名骑兵！"过了一会儿，又报告说："骑兵越来越多……"

曹操说："不用报告了！所有骑兵下马休息，辎重队把物资全部丢在路旁。"

将士们都面面相觑："这么多骑兵杀到，我们还是赶紧撤吧。"

荀攸微微一笑："主公正在诱敌上钩，怎么能撤呢！"

眼看文丑与刘备的人马越来越近，将领们又急了："赶紧上马跑吧。"

曹操瞪了他们一眼："还不到时候。"

又过了一会儿，袁军的骑兵更多更近了，但他们被路旁散落的物资吸引住了，纷纷下马抢夺。

就在这时，只听曹操大喝一声："杀！"将领们这才明白过来，所有人立即飞身上马，冲杀过去。袁军骑兵慌忙扔掉手中的东西，上马迎战，可哪里来得及了？他们被迅猛而来的曹军杀得七零八落，文丑也被斩杀，刘备见势不妙，赶紧逃了。

连吃两次败仗，折损两名大将，袁绍大怒，命令大军继续向前推进，最终抵达官渡。曹操也分兵扎下营寨，严防死守。

由于双方兵力悬殊，最初的几次交战，曹操都打了败仗，只好退回营垒，坚守不出。袁绍便命人堆起一座座土山，土山上再搭起高台，让士兵站在高台上向曹营射箭。曹军将士进进出出都拿着盾牌，小心翼翼地抵挡飞箭。高台上的袁军看了，笑得前仰后合。

曹操找人制作了一种能发射几十斤重的石块的霹雳车，才把袁绍的高台击毁。

一计不成，袁绍又施一计，这次他改挖地道，试图从地底下偷袭曹军。曹操见招拆招，下令在军营前挖一条长长的深沟，把袁绍的地道给截断了。

就这样，双方你来我往，相持了一个多月。眼见军粮越来越少，士气也越来越低落，曹操心烦意乱，打算退兵，就给留守许都的荀彧写了封信，征询他的意见。荀彧立刻回复说："袁绍出动了全部人马，要跟我们决一死战。这次如果不能打败他，以后我们就很难翻身。现在两军相持，谁先撤退，谁就输了。我们虽然缺粮草，但还没到非撤不可的地步，大半年都过去了，再坚持一下，千万不要放弃！"

曹操一向信任荀彧，于是打消了退兵的念头。随后，曹操命令全军加强戒备，防止袁军袭击，还派部将徐晃带人截击袁绍的运粮队，烧毁了几千辆粮草车。

但这些都没有难倒袁绍，没过几天，他又派出大批车辆去运粮草，然后囤放在离军营四十里的乌巢，还让大将淳于琼率领一万多人驻守。

沮授劝袁绍："还是多派一支军队，在外围巡逻，以防曹操袭击。"袁绍不听。

这时有个叫许攸的谋士提议说："曹操本来兵力就少，这会儿都集中在官渡抵挡我们，许都城内一定空虚，您可以派一支轻骑兵连夜奔袭许都。攻下许都后，马上奉迎天子，讨伐曹操。"

袁绍却叫嚣道："我不需要假借皇帝的名义！我一定要亲自捉住曹操那小子。"

许攸见袁绍不听劝，郁闷极了，恰好这时候，他的家人犯了法被逮捕起来。一气之下，许攸投奔了曹操。

曹操年轻时和许攸是好友，听说他来了，来不及穿鞋，光着脚就跑出去迎接，一见面就大声说道："你是上天派来帮助我的啊！"

一落座，许攸就问曹操："军中还有多少粮草？"

曹操回答："还可以吃一年。"

许攸冷笑了一声："没那么多，再说一次。"

曹操连忙改口："半年。"

许攸腾地站起身，很不高兴地说："你还想不想打败袁绍？为什么不说实话？"

曹操搓了搓手，把许攸拉回座位，讪笑道："别生气嘛，开个玩笑喽，说实话，军粮最多只能撑一个月，怎么办呢？"

许攸白了他一眼，说道："我来就是帮你解决这个问题的。袁绍最近运来了大批粮草，囤放在乌巢，守军戒备不严，你只要派一支轻骑兵前去偷袭，一把火烧了他们的粮草，我保证不出三天，袁绍大军就会自己溃散。"

曹操大喜，连声说："太好了！太好了！"当晚，他让曹洪、荀攸留守大营，自己率领五千名步骑兵从小道出营。他们每人抱一捆柴草，打着袁绍的旗号，路上遇到袁绍的士兵盘问，都回答说："袁将军怕曹操前来抢粮，派我们去乌巢增援。"听的人都信以为真，放他们过去。

到达乌巢后，曹操立刻命令将士围着袁军的粮仓，四面放火。一时间，火光冲天，把夜空都照亮了。淳于琼慌忙带着人马出来抵抗，但在曹军的猛烈攻击下，只得缩回营垒。

袁绍得到报告，赶紧召集谋士、将领商量对策。大将张郃说："淳于琼肯定抵挡不住，粮草、辎重一旦被烧毁，我们就完了，应该马上派重兵救援乌巢。"

袁绍却想趁机攻打曹操的大营，让他没有后路，郭图也这样认为。张郃急得直跺脚，说："曹操精明得很，不可能想不到这点，一定留了重兵把守大营。"

袁绍还是坚持自己的想法，命令张郃、高览率领大部队前去进攻曹军大营，另外只派了一支轻兵去援救乌巢。

袁绍的援军赶到时，曹操已经打败了乌巢的驻军，斩杀了淳于琼，袁军所有的粮草也被烧了个精光。曹操趁援军惊恐不安时，发起攻击，又将他们打了个人仰马翻。

张郃、高览那边不但没攻下曹军大营，反而损兵折将。袁绍得知后，气得浑身发抖。郭图害怕袁绍怪罪，就把责任推到张郃身上，说："张郃他们本来就反对攻打曹营，怎么能尽全力呢？"

张郃和高览怕被杀，就投降了曹操。这时，乌巢粮草被烧的消息也传到袁军中，袁绍的将士都慌了，没了军粮，还打什么仗啊，很快他们像决堤了的河水一般，四散逃窜。

袁绍知道自己彻底败了，他来不及穿上盔甲，就带着八百骑兵，仓皇渡河北逃。余下的将士纷纷投降，却被曹操全部活埋。

曹操收缴了袁绍所有的辎重、图书和珍宝，还得到袁绍的往来书信，其中有不少是许都官员和他手下将领写给袁绍的。曹操把信都烧了，还说："当时袁绍那么强盛，连我都不知道情况会怎么样，何况大家呢！这事就过去了。"

袁绍逃到黎阳，想着自己的十万大军如今只剩几百人，不禁捶胸顿足，后悔没听田丰的话。他对身边人说："我没有脸再见田丰了。"

被关在监狱里的田丰听说袁军打了败仗，难过得流下泪来。有人就劝他说："您应该高兴才对啊，这说明您有先见之明，以后一定会受到主公重用的。"

田丰却摇头说："主公是个心胸狭隘的人，打了胜仗还好，他一高兴说不定就放了我，可现在打了败仗，他一定恼羞成怒，我活不了啦。"说完哭得更厉害了。

果然，袁绍一回去就下令处死田丰。曹操听说后，叹息道："假如袁绍听了田丰的建议，谁胜谁败，真的很难预料啊。"[①] 这么一想，他对前来献计的许攸更加感激了。

可是，许攸仗着立了大功，傲慢轻狂，经常当着大伙儿的面，喊着曹操的小名："阿瞒，要是没有我，你不会有今天！"

曹操笑嘻嘻地说："你说得太对了。"但他心里十分恼火，后来还是找了个借口杀了许攸。

---

① 曹操能够采纳良计，攻守结合，出奇制胜，最终以两万兵马击败袁绍十万大军，官渡之战也成为中国历史上著名的以少胜多、以弱胜强的战役。自此北方再也没有人能与曹操抗衡。

成语学习①

色厉胆薄

色，神色；厉，严厉、凶猛；薄，脆弱。外表强硬而内心怯懦。

造　句：	"别担心，对方只是个色厉胆薄的家伙，很容易对付的!"他安慰道。
近义词：	色厉内荏（rěn）、外强中干
反义词：	表里如一、名副其实

---

① 这个故事的原文里还有成语"忌刻少威"（形容猜忌、刻薄，没有威望）、"见时知几"（指看到时运的推移而预知事情变化的先兆）、"布衣之雄"（布衣，旧指百姓。平庸的领袖）、"与众不同"（跟大家不一样）。

【 兵贵神速 】

《资治通鉴·汉纪五十七》

　　行至易，郭嘉曰："兵贵神速。今千里袭人，辎重多，难以趋利，且彼闻之，必为备；不如留辎重，轻兵兼道以出，掩其不意。"

译　文

　　走到易县时，郭嘉说："用兵以行动特别迅速为可贵！如今我们远涉千里袭击敌人，辎重太多，行军速度太慢，难以掌握先机。如果乌桓人知道了消息，就会加强戒备。不如留下辎重，轻装加速前进，攻他们一个出其不意。"

一战踏破乌桓

官渡之战一年多后，袁绍因兵败忧愤成疾，没来得及交代后事就一命呜呼，留下立继承人这个难题。

袁绍有三个儿子，长子袁谭，次子袁熙，三子袁尚。袁绍生前最喜欢三儿子袁尚，想立他为继承人，却不好明说，就把袁谭过继给自己去世的兄长，然后派他去青州当刺史。沮授就劝道："袁谭是您的长子，应当做继承人，您却将他排斥在外，恐怕祸患由此而生。"袁绍掩饰道："哎呀，没有的事，我只是想让儿子们各自主管一州的事务，考察一下他们的能力。"于是他又派袁熙去当幽州刺史。

立谁为继承人呢？袁绍的部将认为袁谭是长子，打算拥立他。可是谋士审配、逢纪和袁谭关系不好，害怕他掌权后，自己会遭到报复，就假传袁绍的遗命，尊奉袁尚为继承人。

袁谭很不甘心，却也无可奈何。不久，曹操渡过黄河，攻打袁谭。袁谭向袁尚求援，袁尚亲自率军相救。结果兄弟俩联手，也没能战胜曹操，只好退回邺城。

曹操的部将请求乘胜攻打邺城，郭嘉却说："袁绍生前很喜欢这两个儿子，所以在立继承人的问题上犹豫不决。现在他们兄弟俩权力相等，各有一批人支持。如果我们打得急，反而会促使他们团结；如果局势稍有缓和，他们就会争权夺利。现在不如先去打南方的荆州，等袁氏兄弟内讧，再来收拾他们，肯定不费力气。"曹操觉得有道理，就撤军了。

果然不出郭嘉所料，曹操一走，袁谭、袁尚兄弟就在邺城门外大战起来。结果袁谭战败，派人向曹操求援。

刘表听说后，写信劝袁谭："君子即使要避难，也不会跑到敌国去，你怎么能向曹操求援呢？再说，即便袁尚有什么地方做得不对，你做哥哥的，应当以大局为重，怎么能忘掉父亲之仇，不顾手足之情，做出这种兄弟相残的事情来呢？"

接着，刘表又给袁尚写了一封信："袁谭这个人，性子急躁，难免一时糊涂，你做弟弟的，应当包容才是，兄弟俩先齐心协力除去曹操。等到大事成了，天下人自会评论谁是谁非。现在闹得这么不可开交，连那些胡人都讥笑你们，何况我们这些盟友，还有谁会为你们而战呢！"

可是袁家两兄弟都不听劝，准备恶斗到底。曹操也想趁机灭了他们，吞并冀州等地，于是发兵援助袁谭。袁尚打不过曹操，只好逃往中山。

袁谭见自己的目的达到了，便背叛曹操，攻占了他的四座城池，再追到中山，把袁尚打得逃到幽州袁熙那儿，并趁机收编了袁尚的部队，壮大了自己的势力。曹操大怒，出兵讨伐袁谭，并杀死了他。后来袁熙遭到手下部将的攻击，走投无路，只好和袁尚去投奔乌桓的蹋顿单于。

乌桓是中国北方的一支游牧民族，之前一直依附汉朝。袁绍进攻公孙瓒时，曾经得到乌桓人的帮助。消灭公孙瓒后，袁绍就以皇帝的名义将乌桓各部落的酋长都封为单于，还找来不少平民家的姑娘认作女儿，把她们嫁给那些单于做妻子。在这些部落中，辽西乌桓酋长蹋顿势力最大，袁绍因此对他特别优待。蹋顿感念袁绍的恩德，就收留了袁熙和袁尚，并打算帮他们夺回地盘。

为了消灭袁氏兄弟及其残余势力，安定北方，曹操打算北征乌桓。将领们都劝阻道："乌桓人向来贪得无厌，怎么可能被袁尚这种流亡之人利用呢？他们成不了气候的。如果主公发兵北征乌桓，大军深入塞外，许都空虚，到时候，刘备一定会劝刘表袭击许都，那我们就危险了。"

原来刘备在延津作战失利后，就有了离开袁绍的想法。他假装建议袁绍与荆州的刘表联合，并表示自己愿意前去游说。袁绍信以为真，就放他走了。于是，刘备趁机投奔了刘表。刘表给了他一些人马，让他驻扎在新野，抵御曹操南下。

曹操也担心刘表会乘虚而入，开始犹豫起来，郭嘉却站出来支持北征，他说："首先，乌桓人离我们太远，一定不会提防，我们乘其不备，突然发动袭击，一战就可以灭了他们。其次，如果您这次放过袁尚兄弟，他们就有可能在乌桓人的支持下，夺回冀、青、幽、并四州。况且，刘表其实没什么本事，他对刘备也不是那么放心，不会重视他的意见的。所以，主公可以放心北伐。"曹操这才下定决心北征乌桓。

建安十二年（公元207年），曹操率领大军向北进发。走到易县时，郭嘉说："兵贵神速，我军千里奔袭，辎重却太多，导致行军缓慢。乌桓人如果知道了，就会加强戒备。不如留下辎重，轻装急进，攻他们一个出其不意。"

曹操再次采纳了郭嘉的建议，下令全军以最快的速度轻装前进。偏偏这时大雨倾盆，道路变得泥泞不堪，沿途的交通要道上还有乌桓人把守，曹军一时无法向前。

正当曹操一筹莫展的时候，有个叫田畴的人前来献计。田畴原是幽州刺史刘虞的部将。刘虞被公孙瓒杀害后，田畴率领部众逃亡到徐无山。由于田畴治理有方，北方边境上不少受乌桓人侵扰的百姓纷纷前来投奔。田畴一直憎恶乌桓人，听说曹操要攻打乌桓，便前来相助。

曹操很高兴，问田畴怎么办。田畴说："每年夏秋雨季，这条路就会很难走。不过，有一条古道能快速到达乌桓，我可以带你们走。"

曹操拍手大叫："太好了！"他立即率领一支精锐骑兵先行，让大部队紧跟其后。为了迷惑乌桓人，曹操假装退兵，让人在路边留下一块大木牌，上面写着："天气炎热，道路不通，秋冬再北伐。"乌桓的探子看到木牌后，以为曹军真的退兵了，就回去报告。

在田畴的带领下，曹操的精锐骑兵一路都走得很顺利，等他们距离柳城①只有二百里时，乌桓人才得到消息。蹋顿和其他部落的单于连忙集合数万骑兵，与袁氏兄弟一起迎击曹军。

最终双方在白狼山相遇。曹操的轻骑兵由于连续行军，早已又累又乏，再加上没有足够的防御披甲，大家都有点儿害怕，想等主力部队到了以后再战斗。

曹操登上高坡眺望，看见乌桓兵军容不整，队形松散，便鼓励将士们说："乌桓人善于单兵作战，整体作战水平不高，我们与他们来一场闪电战。"

于是曹操命大将张辽为先锋，并把自己的麾②给他，让他决定进攻的方向，不服从命令的当即斩杀。张辽举着麾，带领精兵冲入乌桓军中。麾向左，曹兵整齐向左击杀；麾向右，曹军一致向右击杀。因为没有退路，曹操的骑兵们个个奋勇拼杀。

蹋顿等单于先后被张辽斩杀，群龙无首的乌桓军阵脚大乱，死的死，逃的逃，最后投降的达二十多万人。袁熙、袁尚兄弟俩见势

---

① 治所在今辽宁朝阳西南。
② 古代指挥军队用的旗子。

不妙，带着几千骑兵投奔辽东郡太守公孙康去了。

部将建议追击，曹操却说："过几天公孙康就会把他们的人头送过来。"

几天后，曹操班师回朝。他们刚出发没多久，公孙康就派人送来袁熙、袁尚兄弟俩的人头。将领们疑惑地问曹操："主公，您已经下令班师，公孙康怎么还要杀袁氏兄弟？"

曹操微微一笑，说道："公孙康向来害怕袁氏，一直想找机会除掉他们。袁氏兄弟带兵前去投奔，实际上是想抢占公孙康的地盘。要是当时我们去追击，公孙康和袁氏兄弟就会联手对抗我们。现在我们班师回朝，他们自然就斗起来了。"将领们听了，对曹操佩服得五体投地。

不料，在回军的路上，天气渐渐寒冷起来，又遇到大旱，军队走了二百里都没有找到水喝，粮食又吃完了，曹操只好让人杀死战马作为军粮，又掘地三十多丈才见到水。因为水土不服，再加上日夜急行，郭嘉得了重病，到达易县时就去世了，曹操悲痛万分。

这年年底，历经艰难的曹军终于回到许都。曹操顾不上休息，下令："把当初反对我打乌桓的人全都叫来。"

那些人都害怕极了，以为曹操要处罚他们。没想到，曹操重重赏赐了他们，并诚恳地说："这次出兵，风险实在太大了，虽然侥幸获胜，可那都是靠着上天的保佑，不能作为常规的做法。你们之前说不要出兵才是万无一失的方案，希望你们今后不要怕提和我不同的意见。"①

---

① 曹操北征乌桓，是官渡之战后又一次以少胜多的战役。此战解除了乌桓对中国北方的威胁，让曹操在北方胡人心目中威名大震，此后几十年，北方边境平安。战后，曹操还收编了乌桓的骑兵，大大加强了曹军骑兵部队的战斗力。

成语学习①

兵贵神速

用兵贵在行动特别迅速。

造　句：	抗疫就像打仗，也讲究"兵贵神速"，一发现疫情，就要火速采取措施，防止扩散。
近义词：	速战速决
反义词：	拖泥带水

---

① 这个故事的原文里还有成语"刚柔相济"（刚强的与柔和的互相补充，使恰到好处）、"田父之获"（比喻两者相争，第三者得利）。

【 三顾茅庐 】

《资治通鉴·汉纪五十七》

　　徐庶见备于新野，备器之。庶谓备曰："诸葛孔明，卧龙也，将军岂愿见之乎！"备曰："君与俱来。"庶曰："此人可就见，不可屈致也，将军宜枉驾顾之。"备由是诣亮，凡三往，乃见。

译文

　　徐庶在新野县见到刘备，刘备对徐庶很器重。徐庶对刘备说："诸葛亮乃是卧龙，将军愿见他吗？"刘备说："请你与他一起来。"徐庶说："这个人，只可以去见他，不可以召唤他来，将军应当屈驾去拜访他。"刘备于是拜访诸葛亮，一共去了三次，才见到他。

诸葛亮出山

刘表得知曹操得胜班师的消息，差点儿没把肠子悔青，他把刘备从新野请到襄阳来喝酒，懊恼地对他说："当初曹操攻打乌桓时，你劝我出兵袭击许都，都怪我没听你的话，结果失掉这个大好机会。"

刘备也觉得惋惜，但他安慰刘表说："如今天下分裂，战争不断，以后肯定还有机会的。"

还有机会吗？其实刘备自己也不知道。这一年，他已经四十六岁了，在这之前，他投奔过公孙瓒，当过陶谦的属下，跟过吕布、曹操、袁绍，现在又依附刘表。曹操说他是英雄，可是他老打败仗，连个安身的地方都没有，算哪门子英雄？

刘备越想越难受，就多喝了几杯酒。过了一会儿，他起身上厕所，回来的时候，眼睛红红的，脸上还挂着泪痕。刘表就关切地问："你怎么了呀？"

刘备红着脸说："以前我身不离马鞍，大腿的肉挺结实的。刚刚上厕所，却看见大腿内侧的肉变得又软又松，因为这几年在您这儿只享清福，不骑马了。唉，日子快得就像流水，想想我都老了，却什么事也没干成。"

回到新野后，刘备打算振作起来，建立一番功业，可是自己势单力薄，除了关羽、张飞、赵云几个忠心耿耿的武将，身边几乎没有出谋划策的人，怎么办呢？想来想去，他就跑去问当地的名士司马徽，希望他能推荐这样的人才。

　　司马徽为人高雅，学识广博，有知人之明，人称"水镜先生"。他对刘备说："一般的儒生、俗士，见识普通，只有俊杰才能认清时务。在襄阳这个地方，能够称得上俊杰的只有两个人，一个是卧龙，一个是凤雏（chú）。"

　　刘备忙问："谁是卧龙，谁是凤雏？"

　　司马徽说："就是诸葛亮和庞统。"

　　刘备很高兴，回去后就琢磨怎么请到卧龙和凤雏，正想着，手下人来报告说："有个叫徐庶的人前来投奔。"

　　刘备正求贤若渴，一听有人来投奔，赶忙跑出去迎接。刚一落

座，刘备就迫不及待向徐庶请教起天下大事来。

徐庶也不客气，把自己对局势的看法说了一通。刘备听了，称赞道："先生真是高人啊！"

徐庶却摇了摇头，说："比起诸葛亮来，我这点儿本事根本不算什么。"

刘备惊讶地问："哦，先生了解诸葛亮吗？"

徐庶笑道："诸葛亮是我的好朋友，字孔明，人称卧龙。因为父亲去世得早，他和弟弟就跟着叔父生活。后来，叔父也去世了，兄

弟俩就隐居在隆中的卧龙岗。诸葛亮常把自己比作管仲，依我看，他比管仲还有本事呢。"

刘备听得眉飞色舞，大叫起来："水镜先生也向我推荐过他，我正琢磨着怎么把他请来呢。既然您和他是朋友，那就麻烦您把他叫来吧。"

徐庶又笑道："诸葛亮这个人，您可以去见他，但不能叫他来见您。如果您真的想得到他的辅佐，应当亲自登门拜访。"

刘备忙说："对对对，我要亲自去请他！"

第二天，刘备就叫上关羽、张飞，一起前往卧龙岗。一番打听后，他们来到一座草庐前，只见几枝梅花从竹篱围成的院子里探了出来。刘备就猜那是诸葛亮的住处，便让张飞上前敲门。

片刻工夫，出来一个书童模样的小孩。刘备赶忙上前施礼道："这是孔明先生的家吧？我叫刘备，特来拜访先生，请你通报一声。"

小孩仔细打量了刘备一番，说道："我家先生出门去了。"

刘备忙问："那他什么时候回来呢？"

小孩说："可能三两天，也可能七八天。"

刘备愣了愣，只好说："等先生回来，请你告诉他，刘备来过。"

过了几天，刘备推测诸葛亮应当回家了，又带着关羽和张飞去了。一问，诸葛亮是回来过，可转天又出门了。刘备没办法，只好打道回府。

又过了一段时间，刘备打算第三次登门拜访。此时，天空飘起了鹅毛大雪，关羽、张飞忍不住抱怨说："这个诸葛亮未免架子太大了吧？第一次，没见着，不怪他。可他知道我们去过，就应该待在家里等我们，结果又让我们白跑一趟。天这么冷，大哥你就别去了，我们去把他抓来见你。"

刘备呵斥了他们一番，他们才不情不愿地跟着刘备又一次来到隆中。这回，诸葛亮在家中等他们了。

见诸葛亮二十多岁的样子，儒生打扮，仪表堂堂，刘备暗暗称赞。可是，这个人到底有多少能耐，又能不能为自己所用，必须深入交谈才知道。

想到这里，刘备单刀直入地说："汉室名义上还在，实际上大权却落到奸臣手里。这些年，我东奔西走，想做出点儿事情来，可惜我智谋短浅，到现在一事无成。孔明先生，您认为我应该怎么做呢？"

诸葛亮好像早有准备似的，侃侃而谈起来："北方的曹操手握百万大军，天子又在他手里，确实不能和他争。而江东那块地，孙坚死后，是孙策在把控。孙策死后[①]，被他的弟弟孙权占据。此地历经三代，根基牢固，动摇不了。孙权这个人，您可以和他结盟，但不能算计他。"

刘备听了这番话，觉得诸葛亮果然目光独到，才思敏捷，便问："曹、孙都有自己的根据地，只有我一直颠沛流离，怎么办呢？"

诸葛亮不假思索说道："曹操一开始也没有自己的地盘，后来一步步壮大起来。我觉得荆州就是上天赐给您的资本。荆州这个地方，北有汉水、沔（miǎn）水作为屏障，南通南海，东接吴郡、会稽，西至巴、蜀二郡。现在的荆州牧刘表没什么本事，肯定守不住荆州。"

见刘备听得两眼发光，诸葛亮微微一笑，继续说下去："另外，隔壁的益州四边地势险阻，中间沃野千里，是天府之地，益州牧刘璋跟刘表一样，昏庸无能。北边的张鲁就更不行了，虽然财力充足，却不知道爱惜百姓。将军您是汉室后裔，以仁厚信义闻名天下，

---

① 建安五年（公元200年），孙策在丹徒打猎时被吴郡太守许贡的三个门客所伤，不久身亡。其弟孙权接掌江东。

如果能占有荆州、益州，就有了稳固的根本，再与江东的孙权联手，观察局势，等待时机。一旦抓住机会，就能建立霸业、复兴汉室了①。"

刘备顿时如醍醐灌顶，豁然开朗，立刻起身向诸葛亮鞠了一躬，诚恳地说："我愚钝不堪，非常渴望能有一位像先生这样的人辅佐，不知您可愿意？"诸葛亮也起身还礼，笑着说道："我一直在等明主，今天终于等到了！"

从此，刘备把诸葛亮当老师，大小事情都向他请教。关羽、张飞不服气，时不时抱怨几句，刘备就对他们说："你们不要有意见。我得到孔明，就像鱼儿得到水一样。"

可是，蓝图很宏伟，现实很残酷。荆州现在是刘表的地盘，不是他刘备想拿就能拿的，必须等待一个好时机。

刘表有两个儿子：长子刘琦，次子刘琮（cóng）。刘表的后妻蔡氏把侄女嫁给刘琮后，经常和弟弟蔡瑁等人在刘表面前说刘琦的坏话。

这天，刘琦越想越害怕，就跑来请教诸葛亮。诸葛亮建议他外出任职。恰好东吴②的孙权为父报仇，发兵进攻夏口，杀死黄祖。刘琦就向父亲请求接替黄祖的职务，做了江夏③太守。

不久，刘表病逝，蔡瑁等人拥立刘琮继任荆州牧。刘琦大怒，准备借奔丧的机会攻打刘琮。刘琮赶紧召集将领，商量对策。没等他们讨论出结果，一个更坏的消息传来：丞相曹操④正率领八十万大军向荆州杀来。

原来，曹操觉得北方平定得差不多了，就将目光转向了南方，

---

① 这就是著名的"隆中对"。诸葛亮提出的战略是拿下荆州、益州作为根据地，联孙抗曹。可以说，历史上三国鼎立，就是根据"隆中对"战略的实施形成的。
② 孙策被封为吴侯，统治地区因地处江东，故也称东吴。
③ 治所在今湖北武汉市。
④ 建安十三年（公元 208 年），曹操废三公，恢复丞相制度，并自任汉朝丞相。

他首先盯上了荆州这块"肥肉"。刘表一死，他觉得机会来了，立刻挥师南下。

刘琮吓坏了，觉得自己打不过曹操，就投降了。

当时刘备驻军在樊城[①]，刘琮不敢把投降的事告诉他。等刘备知道时，曹操的大军已经到了宛城。

刘备大惊，立即召集部属商量对策。有人建议："先攻打刘琮，把襄阳夺过来再说。"

刘备不肯，说："刘表临死时，把刘琮托付给我。我不能违背信义，否则，死后有什么脸面去见刘表呢！"于是下令向江陵撤退。

由于有十几万荆州百姓跟随刘备离开，加上还有几千辆辎重车随行，所以他们每天只能走十几里路。

有人就劝刘备："走得这么慢，曹操很快就会追上来，不如您先走一步。"

刘备直摇头，说："要成就大事，必须以民为本，如今百姓归附我，我怎么忍心抛下他们呢？"

曹操知道江陵物资丰富，怕刘备先得到，便亲自率领五千轻骑兵，追了一天一夜，终于在当阳的长坂追上刘备。

两军交战，刘备大败，丢下妻儿，狼狈而逃。张飞率领二十名骑兵负责断后，他站在河岸，横握长矛，怒目而视，对曹军大喝道："我就是张飞，有种的上来跟我决一死战！"曹军中没人敢上前，刘备这才得以逃脱，到达江陵，渡过沔水，正好遇到刘琦率领的一万多人，便一起来到夏口。

---

① 在今湖北襄樊市，与襄阳城隔汉水相望，自古为兵家必争之地。

三顾茅庐

顾，拜访；茅庐，草屋。刘备三次拜访诸葛亮。比喻真心诚意，一再邀请。

造　句：	为了表示诚意，校长决定三顾
	茅庐，请刘博士来学校任教。
近义词：	礼贤下士
反义词：	妄自尊大

---

① 这个故事的原文里还有成语"识时务者为俊杰"（认清当下形势，才能成为出色的人物）、"度德量力"（衡量自己的德行是否能够服人，估计自己的能力是否能够胜任）、"如鱼得水"（好像鱼儿得到水一样。比喻有所凭借。也比喻得到跟自己十分投合的人或对自己很合适的环境）。

【 不习水土 】

《资治通鉴·汉纪五十七》

请为将军筹之：今北土未平，马超、韩遂尚在关西，为操后患；而操舍鞍马，仗舟楫，与吴、越争衡，今又盛寒，马无藁草；驱中国士众远涉江湖之间，不习水土，必生疾病。

译 文

请允许我为将军分析一下曹操这次出兵所犯的三个大忌：首先，北方并没有完全平定，马超、韩遂还驻兵在函谷关以西，这是曹操的后患；第二，曹操竟然舍弃鞍马，改用船舰，与生长在水乡的江东人决一胜负，这是舍长取短。现在是寒冬季节，战马缺乏草料；第三，中原的士兵远道而来，不能适应这个地方的气候与饮食，容易生病。

周瑜火烧赤壁

孙权从哥哥孙策手中接管江东时，只有十九岁。当时江东统一没多久，人心不稳，加上孙权年轻，所以局势动荡不安。孙权便以老臣张昭为老师，由周瑜、程普统御众将，又广纳贤才，终于稳定了江东的局势。随后，他击杀黄祖，吞并江夏郡的大部分地区，又将目光投向荆州。

这天，孙权得到关于荆州方面的报告，就问谋士鲁肃："子敬，你怎么看这事啊？"

鲁肃字子敬，是周瑜的好朋友，性格豪爽，很有谋略。他回答孙权说："荆州和我们紧挨着，地势险要，百姓富足，如果能占领荆州，就奠定了帝王的基业。所以，现在曹操是我们最大的敌人，而刘备和曹操矛盾很深，我们应当和他结盟，共同抗曹。"

孙权也觉得自己的力量还不足以对抗曹操，便同意了，派鲁肃前去劝说刘备。

见到刘备后，鲁肃传达了孙权的意思，并建议刘备派人前往江东，共商抗曹大计。

被曹操打得失魂落魄的刘备自然很高兴，想来想去，除了诸葛亮，没有人可以胜任，诸葛亮也觉得事关重大，便和鲁肃一起去江东见孙权。

一开始，孙权见诸葛亮跟自己差不多大，名气也不响，就没把他放在眼里。但诸葛亮虽然初出茅庐，却将天下形势分析得头头是道，说："孙将军您不妨估计一下，以您江东的兵马，能不能与曹操对抗。如果能，就早点儿和曹操断绝关系；要是不能，干脆向他俯首称臣。您表面上服从朝廷，心里却一直犹豫不定，这样下去，恐怕就要大祸临头了。"

孙权反唇相讥："为什么你们刘将军不归顺曹操？"

诸葛亮说："从前田横不过是齐国的一个壮士，他都不肯投降，何况我们刘将军是汉室后裔，盖世英雄，就算失败，也不会屈服。"

孙权被他激得满脸通红："要我把父兄辛苦打下的江东基业拱手送给曹操？简直是做白日梦！不过，刘将军刚刚被打败，他拿什么对抗曹操？"

诸葛亮早有准备，从容不迫地说道："刘将军虽然在长坂大败，但陆续回来的士兵，加上刘琦的人马，也有两万多。曹操的大军远道而来，早已兵疲马乏。而且，曹军将士都是北方人，不善于水战。您如果与我们刘将军齐心协力，一定能把曹操赶回北方。到时候，荆州与江东的力量就会壮大，从而形成三足鼎立的局势。成败在此一举！"

诸葛亮的话句句在理，孙权不得不服，但联刘抗曹是大事，所以他把谋士和将领都召集到一块商议。

恰在这时，曹操突然送来一封战书，上面说："最近，我奉天子之命，南下讨伐叛逆。我只是把军旗向南方指了指，刘琮就乖乖地把荆州送了上来。现在我带着八十万水军，打算与孙将军在江东一块打打猎。"

曹操的"打打猎"，意思是"比画比画，看谁更厉害"。所以，孙权一看战书，震怒道："好大的口气！"

他把信给将领们看，大家被八十万大军吓得脸色都变了。张昭就说："曹操是豺狼虎豹，他挟持天子，动不动就以朝廷的名义征讨

四方，我们抗拒他，就是和朝廷作对。而且，我们可以依靠的，不过是长江天险，可现在曹操已经占据荆州，又接管了刘表的水军，长江天险被他占去一半。如果他们沿江而下，水陆并进，我们根本抵挡不住，不如趁早投降。"

众人都表示赞同，只有鲁肃一言不发。孙权沉默了很久，猛地起身上厕所。鲁肃见状，追到房檐下，孙权知道他有话说，便握着他的手问："子敬，你想说什么？"

鲁肃说："将军，我们这些人可以投降，您可千万不能降啊。"

孙权问："为什么？"

鲁肃说："我们投降后可以继续在曹操手下做官，甚至步步高升，从坐牛车变成坐马车。您如果投降，能到哪里去安身呢？"

孙权叹息道："张昭他们太让我失望了。只有你和我想得一样。"

鲁肃又说："您把周瑜召回来，听听他怎么说。"

这句话提醒了孙权，他立即派人把周瑜从鄱（pó）阳 ① 叫回来。周瑜一到，孙权再次召集众人商议。

没等其他人开口，周瑜就说："曹操出兵犯了三个大忌：首先，北方其实并没有完全平定，马超、韩遂驻兵在函谷关以西，这是曹操的后患，后患未除，曹操就贸然南征；第二，曹军以骑兵为主，精通陆上作战，不习惯水战。这次曹操竟然舍弃鞍马，改用船舰，与生长在水乡的江东人决一胜负，这是舍长取短；第三，现在是寒冬季节，北方士兵远道而来，不习水土，容易生病。所以，我请求率领数万精兵，进驻夏口，保证为将军击破曹操。"

孙权兴奋地说："曹贼早就想废掉皇帝，自己当天子，只是顾忌袁绍、吕布、公孙瓒、刘表和我。现在他们都不在了，就剩下我了。

---

① 治所在今江西鄱阳东北。

我与老贼势不两立！"

张昭等人还想说什么，孙权"唰"的拔出刀，"咔嚓"一声把面前的案几砍掉了一个角，大喝道："谁再敢提'投降'二字，下场就跟这案几一样！"

当天晚上，周瑜与孙权商量抗敌计策。周瑜胸有成竹地说："曹操所谓的八十万大军，肯定夸张了。据我推测，他率领的中原部队不过十五六万人，这部分人马长期征战，早已疲惫不堪，而新接收的刘表的部众，顶多七八万，这些人未必真心归顺。士卒疲惫、人心不稳的军队，人数再多，也不可怕。将军只要给我五万精兵，我一定能打败曹操！"

孙权听了非常感慨，拍着周瑜的背说："那些主张投降的人只考虑自己的利益，只有你和子敬为大局着想。你们俩是上天派来辅佐我的。五万精兵一时凑不齐，我已经为你选好了三万人，战船、粮草、武器装备也都备齐。你率领这些人先出发，与刘备合力迎击曹贼，我继续调集人马，准备军资，当你的后援。你能打就打，万一失利，立即退到我这里来，我要亲自与曹贼决一死战。"周瑜当即点兵出征。

自从诸葛亮与鲁肃去了江东，刘备每天派人在江边眺望，望眼欲穿地盼着孙权军队的到来。这天，他得到报告，说周瑜带着一支船队已经到了樊口 ①，不禁喜出望外，立即坐上小船前去迎接。

见了面，一番寒暄后，刘备问周瑜："周将军带来了多少人马？"

"三万。"周瑜回答。

"可惜少了点儿！"刘备叹息。

"足够了，您就等着看我怎么打败曹操吧！"周瑜一副胜券在握的样子。

周瑜率领船队继续前进，结果在赤壁①遇到曹操的大军。此时，曹操的许多士兵因为水土不服，生了病，所以初次交战，曹军就败了。曹操只好让军队退到长江北岸扎营。

然而，新的问题又出来了：曹操的士兵不习惯坐船，再加上风大，战船摇晃得厉害，很多人晕船，吐得一点儿力气都没有。

曹操急得不行，有人就出主意说："把所有战船用铁链拴在一起，增加稳定性，船稳了，大家就不容易晕船了。"曹操忙让人照办，果然好多了。

曹操正高兴，周瑜那边却有人看出了问题。老将黄盖见曹军的战船首尾相连，如同铁板一块，便向周瑜建议火攻。周瑜笑着说："你和我想到一块去了。"

几天后，曹操突然收到黄盖的一封信，信中说："曹公您统率八十万大军前来，孙权竟然不自量力想与您对抗，周瑜这小子尤其狂妄，对我们这些主张投降的将领百般打压，我实在不想再受他们的气，决定带十艘战船与粮草投奔您。"

曹操半信半疑，将送信的人盘问了半天，又派人过江打听情况。打听的人回来说，黄盖是老将，却一直不受重用，前不久因为和周瑜意见不合，惹恼了周瑜，被当众责打了一顿，因此怀恨在心。曹操于是相信黄盖是真心投降。

到了约定投降的那天，正好刮起了东南风，江水咆哮，浊浪滔天。黄盖率领十艘战船，在江风的助力下，像脱了弦的箭一样驶向曹营。船上装着浇了油的枯草、干柴，外面罩了个大帷幕，上边插

---

① 赤壁之战的地点历来说法不一，迄无定论。主要有二说：（1）今湖北武汉市武昌区西赤矶山；（2）今湖北赤壁市西北赤壁镇北赤壁山。

着白旗。每艘战船的船尾都跟着一只快艇，艇内藏着好多士兵。

曹军将士都兴奋地喊着："快看，黄盖来投降了！"曹操也走出大营，来到船头，他远远地望见江心处白帆点点，打头的船上站着一位威风凛凛大将，手里不停地挥舞着白旗。没错，正是黄盖！

等到距离曹军还有两里远时，黄盖大吼一声："点火！"十艘船瞬间变成了大火球，飞也似的向曹军战船冲过来。曹操这才知道中了计，急忙下令："快放箭！不能让他们靠近！"

可哪里来得及？火船撞上了停在岸边的战船，一艘接一艘起火，很快所有战船都噼里啪啦地烧了起来，不一会儿就成了一片火海。不少曹军士兵身上着了火，惊慌失措中，有的跳进水里，有的窜上岸。可这时，藏在快艇里的江东士兵也出来了，他们把一支支火箭射向岸上的营寨，于是岸上也成了火海，浓烟滚滚，烈火熊熊。曹操的人马被烧死、淹死的，多得不计其数。

周瑜一直观察着对岸的形势，见火势凶猛，知道黄盖得手了，便亲自率领精锐战士向曹军发起最后的攻击。刘备也不甘示弱，带着他的人马冲杀上去。曹军被孙刘联军杀得落花流水，曹操带着残兵剩勇拼命往北逃。

好不容易逃到华容道，偏偏刚下过雨，道路泥泞不通，曹操就让一些老弱残兵背着草，趴在路上，让骑兵通过。老弱残兵被人马践踏，陷在泥里，死了不少。等到了江陵，将士们病的病、饿的饿，又死了一大半。曹操只好留下几名将领镇守江陵和襄阳，自己则垂头丧气地返回北方。

成语学习①

不 习 水 土

习，习惯、适应。指不能适应一个地方的气候条件或饮食习惯。

造　句：	我刚到四川的时候，因为不习水土，竟然瘦了很多。
近义词：	水土不服
反义词：	如鱼得水

---

① 这个故事的原文里还有成语"英雄无用武之地"（比喻有才能却没地方或机会施展）、"强弩之末"（强弩射出的箭，到最后力量弱了，连薄绸子都穿不透。比喻起初很强后来变得很微弱的力量）、"廊开大计"（廊开，阐述。阐发远大的谋略）。

〖 传檄而定 〗

《资治通鉴·汉纪五十八》

仓曹属高柔谏曰："大兵西出，韩遂、马超疑为袭已，必相扇动。宜先招集三辅，三辅苟平，汉中可传檄而定也。"操不从。

译 文

丞相府的属官高柔就劝曹操说："大军向西出发攻打汉中，必须经过关中，关中的韩遂、马超会疑心，以为我们是去打他们，一定会反叛的。应当先平定三辅地区，一旦三辅地区平定，您就只需发布一纸文书，就能平定汉中。"曹操不听。

大家都来看曹操

回到北方后，曹操气闷了一段时间。这些年他打了不少胜仗，没想到这次竟然在绝对优势下大败而归。曹操再三反省，认为是自己骄傲轻敌，加上指挥失误，才导致失利。他知道经过赤壁之战，孙、刘两家实力大增，便暂时放缓了对他们的进攻，想先解决关中的问题。

关中就是函谷关以西，是前将军马腾和镇西将军韩遂的地盘。马腾后来被曹操调到朝廷做官，他儿子马超就接管了他的兵马。马超和韩遂，就是周瑜口中的曹操的后患。

自从秦朝的商鞅变法后，关中就成为中国最富庶的农耕地区，经济发达，人口众多，是秦、汉两朝的根基所在，号称"八百里秦川"。尽管经过董卓、李傕、郭汜之乱，关中地区没了昔日的繁华，但是易守难攻的地理优势，沃野千里的物产资源，使它成为兵家必争之地。

这一点，曹操心里跟明镜似的。他知道盘踞关中的马超、韩遂表面上听话，实际上各自打着"占山为王"的小算盘，虽然现在看上去风平浪静，可是难保哪天起来闹事，要想统一全国，必须把关中掌握在手里。可是，马、韩二人都遵奉朝廷，并没有谋逆的举动，以什么理由攻打他们呢？思来想去，曹操决定先从盘踞汉中的"五斗米道^①"首领张鲁身上做文章。

---

① 五斗米道是张鲁的祖父张陵创立的一个组织，信徒入道，只需交五斗米，因而得名。该教奉老子为教主，尊为太上老君，以《老子五千文》(即《道德经》)为经典。

张鲁原本是益州牧刘焉的部下。刘焉死后，他的儿子刘璋接管了益州。张鲁见刘璋懦弱无能，便占据汉中，并用他爷爷那套鬼神之道教化百姓：先让病人坦白自己犯下的过错，再由他替病人向上天祈祷。这种方法当然不能治病，但那些愚昧的人却深信不疑，争着信奉张鲁。张鲁的势力因此越来越大，又趁机夺取了巴郡。

当时曹操忙于平定北方，没有精力顾及汉中，为了安抚张鲁，就任命他为镇民中郎将，张鲁因此掌控汉中和巴郡十几年，成为一支实力较大的割据势力。

建安十六年（公元 211 年），曹操打算发兵攻打张鲁，属官高柔劝他说："攻打汉中，必须经过关中，关中的韩遂、马超以为我们要打他们，一定会反叛。我认为，应当先平定三辅地区，一旦三辅地区平定，汉中就可以传檄而定。"

曹操心里暗笑："我就是要他们反叛，这样才可以名正言顺地讨伐他们。"

果然，曹军浩浩荡荡开往汉中，关中将领们都起了疑心。马超、韩遂和其他一些小割据势力便组成十万联军，一起对抗曹操。

不久，曹军抵达潼关，与马超率领的关中军主力隔着潼关扎营。有人对曹操说："关中的士兵擅长使用长矛，得挑最精锐的部队当前锋，否则恐怕抵挡不住。"

曹操朝他翻了个大白眼，自负地说："决定战争输赢的人是我，不是敌人。他们的长矛再厉害，也扎不到你们身上。你们就等着瞧吧！"他暗中派部将徐晃率四千人马，绕过潼关，在黄河西岸扎营，接应大部队渡河，自己和一百多名武士留在黄河南岸断后。

马超很警觉，一发现曹操的意图，就率领一万多人马前来进攻。这时，曹军大部队已经渡河，只剩下曹操等人还在南岸。马超下令放箭，一时箭如雨下。将士们都很惊慌，可曹操却淡定地坐在椅子上对大家说："你们快上船！"部将许褚（zhǔ）急了，一把架起曹操就往船上跑，箭矢从他们身旁呼啸而过。登上船后，许褚发现船工被流箭射死，便一只手举着马鞍为曹操抵挡乱箭，一只手撑船渡河。

马超哪肯放过这个机会，带人沿着河岸继续追赶，一边追一边不停地放箭。可追着追着，很多士兵突然不追了，他们被冷不丁出现的一群牛马吸引住了。原来，曹操的一名部将见情况危急，就把军中的牛马放出来引诱马超的士兵。那些士兵看到没有主的牛马，眼馋得不行，纷纷扔掉手中的弓箭去抢牛马。马超怎么都制止不了，只好眼睁睁地看着曹操到达对岸。

曹操大军继续向南推进，到了渭南。渭南在潼关的西边，这下曹军跑到关中军的后面来了。关中军失去战略要地，只得退守渭水流入黄河的地方——渭口。曹操暗中让士兵乘船进入渭水，在那里修造浮桥，到了晚上，又分兵到渭水南岸修筑营地。马超乘夜发动偷袭，哪知曹操早有准备，埋下伏兵，关中军被打得落荒而逃。

连吃败仗的马超，这才知道曹操的厉害，和韩遂等人商议后，派使者向曹操求和，表示愿意割让黄河以西的土地，却遭到曹操的拒绝。

等到曹军渡过渭水，对关中军实现了战略包围时，马超再次派使者求降，并提出送儿子去做人质。

曹操犹豫了，问贾诩："要不要接受马超的投降？"

贾诩说："您可以假装答应。"

曹操再问："然后呢？"

贾诩说："离间他们。"

曹操笑了，点头说："我明白了。"于是同意了马超的请求。偏巧这时，韩遂也提出要和曹操见面。第二天，曹操就带着人马来到关中军的营前，摆好阵势后，他独自打马上前，请韩遂出来相见。

韩遂和曹操是老相识，都曾经在朝廷做官，两人单独骑马来到阵前，马头挨着马头，离得很近。曹操便说起当年的事情，说到高兴的时候，两人开怀大笑。

马超见他俩有说有笑，便竖着耳朵，想听他们说些什么，可是距离太远，听不真切。而关中将士早就听说曹操的大名，都好奇地凑上前来围观，一边看曹操，还一边小声议论。

曹操大笑道："你们是来看曹操的吗？"士兵们都笑了。曹操接着又说："我就是曹操啊，跟你们一样，也是两只眼睛一张嘴，要说比你们多点儿什么，不过多了点儿智慧罢了。"

会面结束后，马超等人围到韩遂跟前，问："你们聊了那么久，都聊了些什么？"

韩遂说："没什么，就聊了聊过去的事。"马超等人半信半疑，但也没说什么。

过了两天，曹操又给韩遂写了一封信，内容跟阵前聊的差不多，但信中圈圈点点，涂涂抹抹，有的地方改得太厉害，已经看不出原来的字。马超等人也读了信，更加怀疑韩遂，心想："韩遂那天跟曹操聊了那么久，说了什么都瞒着我们。现在收到信后他又涂涂改改，明显怕我们知道。哼，他和曹操肯定在密谋什么。"

主将不和乃兵家大忌。曹操料定马超等人中计，便向全军下达进攻的命令。他先派轻装部队上前挑战，等到与关中军杀得难分难解时，才派精锐骑兵进行夹击。关中军抵挡不住，很快就败下阵来。韩遂、马超逃奔凉州。

由于马超在凉州很有威望，一些羌人、胡人部落就起兵帮他，再加上张鲁派来的一万多援军，马超又缓过劲来，进攻陇西的各郡县。这些郡县又都起来响应马超，只有凉州的州府——冀城没有投降，马超便发兵攻打冀城。

曹操大怒，命人将马腾及其三族人全部斩杀，又派部将夏侯渊领兵前去援救冀城。结果，夏侯渊还没到，冀城就投降了，只有凉州参军杨阜逃出。夏侯渊也没打过马超，只好撤军。

不久，杨阜联络了一些人马，将马超打败。马超只好投奔汉中的张鲁。张鲁打算把自己的女儿嫁给马超，有人就劝他说："像这样的人，不爱自己的父母，怎么能爱别人？"意思是说马超明知道父亲马腾在曹操手里，还起兵叛乱，导致马家被灭三族。张鲁于是打消了嫁女的念头。而马超也觉得张鲁不是干大事的人，就想改投他处。正巧刘备派人前来游说，马超就跑去投奔刘备了。

曹操听说马超跑到刘备那儿去了，转而派大臣钟繇率军攻打张鲁。

成语学习

传檄而定

檄，讨敌文书；定，平定。比喻不待出兵，只要用一纸文书，就可以降服敌方，安定局势。

造　句：	"这只是一场小小的叛乱，传
	檄而定，无须出兵！"他淡定
	地说道。
近义词：	兵不血刃

〖 逆取顺守 〗

《资治通鉴·汉纪五十八》

统曰："乱离之时，固非一道所能定也。且兼弱攻昧，逆取顺守，古人所贵。若事定之后，封以大国，何负于信！今日不取，终为人利耳。"

译 文

庞统说："天下大乱之时，本来就不能只靠一种方法平定。兼并弱小、进攻愚昧，以不合常理的手段夺取天下，又遵循常理治理国家，也是古人所崇尚的。夺得益州后，您赐给刘璋面积广大的封地，就不算违背信义。您现在不去夺取，益州早晚也是别人的。"

刘备抢了益州

曹操出兵攻打张鲁的消息传到益州牧刘璋耳朵里时，他正坐在府中悠闲地喝茶。一听到这个消息，他吓得双手一抖，茶杯差点儿摔了。他怎么能不怕呢？汉中在益州的北边，是益州的屏障，如果被曹操拿下，益州可就危险了，到时候曹操来攻，自己能抵挡得住吗？

之后的几天里，刘璋就坐立不安，茶饭不香，整个人像霜打过的茄子一样蔫了。部下张松看出了他的心事，就劝他："刘备和您一样，是汉室后裔，又把曹操当作仇人，而且他刚在赤壁打了胜仗，士气高昂，如果请他抢在曹操前面攻打张鲁、占领汉中，我们就安全了。"

刘璋有点儿动心，就让部属们讨论这个方案。主簿黄权说："刘备是一代枭（xiāo）雄，您现在把他请来，如果当下属对待，刘备肯定不愿意，如果以宾客接待，那么一国不容二主。益州地势险要，易守难攻，我们不如关闭边境，观察时局再定。"

刘璋想来想去，还是觉得张松的意见更高明，就问他："你觉得派谁去迎刘备好？"

张松不假思索地说："法正。"

法正是刘璋的属官，也是张松的好朋友。张松一向对自己的才干很自负，总觉得刘璋庸庸碌碌，跟着他不会有什么出息，所以经常找法正吐苦水。法正也因为得不到刘璋的重用而烦闷，所以两人经常凑在一起，商量出路。他们听说刘备非常仁厚，就想把他接来做益州的主人。

所以当刘璋问张松派谁去请刘备时，张松就推荐了法正。法正知道张松的用意，就带了四千人马前往刘备那里。

此时的刘备已经今非昔比。赤壁之战后，原本属于曹操的荆州被分成几块。荆州北部的南阳郡和长江以北的江夏郡等地仍归曹操控制，孙权占据了荆州长江以北地区，刘备则分到了荆州长江以南的地区。刘表原来的部属也大多归附刘备，孙权还将妹妹嫁给了他，以稳固孙刘联盟。从此，刘备结束了寄人篱下的生活，有了自己的地盘。

但是，刘备觉得自己的地盘小，容纳不下那么多部众，便亲自跑去见孙权，请求把荆州长江以北的三个郡也交给自己管理。

周瑜反对说："刘备在荆州，就像家里养了一只老虎，如果再借给他土地，他就会像得到云雨的蛟龙，不会再留在水池中了。"他甚至建议把刘备软禁起来，以绝后患。但孙权考虑到曹操还在北方虎视眈眈，就放刘备回去了。

不久，周瑜因病去世，由鲁肃接替他统领江东军队。而鲁肃一向主张孙刘联盟，就劝孙权把荆州借给刘备，共同抵抗曹操。孙权考虑再三后，就同意了。

然而，刘备得到孙权的荆州地区后，并不知足。对他来说，之前得到的长江以南地区残破不堪，发展潜力不大，而现在借来的长江以北地区，孙权随时可能要回去。的确，刘备要在荆州立足太难了，只有夺取益州才有发展，才有与曹操、孙权争霸的资本，才能实现诸葛亮在"隆中对"中提出的战略目标。

可是，惦记益州这块"肥肉"的不止他刘备一个人，孙权早就对益州动了心思，他派人对刘备说："刘璋这个人软弱无能，保护不了益州。如果让曹操先得到益州，那荆州就危险了。我打算先攻刘璋，再打张鲁，统一南方，到那时，就算有十个曹操，我们也不怕了。"

刘备暗暗吃惊，为了阻止孙权，他假意劝道："刘璋虽然无能，但自保还是可以的。蜀汉这个地方，地势险要，路途遥远，行军和补给都很困难，这个仗没法打。而且，我和刘璋都是刘姓皇族，他有什么地方得罪您，我代他向您道歉，但您的计划我不敢听从。如果您执意要那样做，您我的抗曹联盟就会土崩瓦解，曹操虽然在赤壁吃了败仗，但他实力还在，随时可能打过来，到那时恐怕我们两家都不保啊。"

孙权不听，坚持发兵攻打刘璋，而刘备坚决不让他的军队过境，并派关羽、张飞、诸葛亮分别据守要隘，然后对孙权说："假如您要攻打蜀地，我就披头散发，隐入山林，绝不能在天下人面前失信。"孙权只得把军队召回。

刘备松了一口气，开始考虑下一步行动。恰好这时，刘璋派法正前来，请他帮忙攻打汉中的张鲁。

法正对刘备说："刘璋懦弱无能，将军您正好可以利用这次入川的机会除掉他。您放心，益州的张松很仰慕您，愿意在内部响应。只要我们里应外合，取得益州就易如反掌。"

刘备没想到机会来得这么快，高兴之余也有所顾虑："现在与我势不两立的只有曹操。为了成功，我采取的都是与曹操相反的策略。他严厉，我就宽厚；他凶暴，我就仁慈；他诡诈，我就忠信。如果我用欺骗的手段，从刘璋手里夺过益州，我怕天下人会觉得我和曹操没什么区别。"

法正刚要开口再劝，突然一个声音说："光靠仁慈忠信是平定不了天下的。"接着进来一个人，其貌不扬，却透着睿（ruì）智之气。

此人叫庞统，就是和诸葛亮齐名的"凤雏"，后来也成为刘备的谋士。

庞统接着说道："兼并弱小、进攻愚昧，在这个过程中难免用到一些不合礼义的手段。等到事情成功了，再用符合礼义的方法治理，也是可以的。夺得益州后，您只要妥善安置刘璋，就不算违背信义。您不去夺，益州早晚也是别人的，刘璋根本守不住。"

刘备动心了，便留下诸葛亮、关羽、张飞等人守卫荆州，他和庞统率领几万步兵向益州进发。孙权得到消息，怒不可遏，骂道："刘备这个滑头，竟然跟我耍阴谋诡计！"于是派船把他妹妹接回了江东。

刘备到达涪县时，刘璋亲自从成都前来相见。张松也跟着来了，他让法正悄悄对刘备说："待会儿见面时，您派人杀了刘璋。"

刘备不忍心这么做，就说："这事不能操之过急！"

庞统也觉得应该在见面时发动袭击，说："这是个大好的机会，杀了刘璋，不费一兵一卒，就能得到益州。"

刘备还是摇头，说："我们刚到别人的地盘，恩德和信义都还没表现出来，就干这种事情，会丧失人心的。万万不可！"庞统和张松只好作罢。

刘璋对刘备非常客气，不仅给他拨了大量军用物资，还把驻守在白水的一支军队交给他。这样一来，刘备的军队就扩充到三万多人，车辆、甲胄、器械、粮草和钱财都很充足。

刘璋返回成都，刘备继续向北进发，到达葭（jiā）萌关[①]，但他并没有进攻汉中的张鲁，而是驻扎下来，广施恩德，收买人心。

就在这时，刘备收到孙权的信，说曹操为了报赤壁的仇，再次发兵南下，让刘备赶紧回荆州，共同抗曹。

---

① 在今四川广元市西南。

刘备左右为难：回去吧，益州眼看就要到手，这样半途而废太可惜了；可要是不回去，一旦荆州有个闪失，那他就断了后路。

庞统看出刘备的顾虑，就向他献了上、中、下三条计策："上策是直接袭击成都，刘璋不懂军事，又没有防备，可以一举平定益州；中策是把白水军的两名大将——杨怀和高沛骗来杀了，吞并他们的部队，再向成都进军；下策是退回白帝城，与荆州的力量联合，慢慢策划进攻益州的办法。"

刘备选了中策，他写信给刘璋说："孙权和我唇齿相依，他如果被曹操打败，我的荆州也保不住。荆州一丢，益州就是曹操下一步要夺取的目标，这比张鲁的威胁更大！"他趁机要求刘璋再拨给他一万名士兵和军用物资。刘璋对刘备迟迟不攻打张鲁，相当不满，便只给了他四千人和少量军用物资。

刘备知道刘璋起疑了，便故意激怒手下将士，说："我们为了保护益州，大老远跑来讨伐强敌，没想到刘璋竟然如此小气，才给这么点儿东西，这样的人怎么值得我们为他卖命呢？"将士们的情绪被煽动起来，也对刘璋很不满。

恰在此时，张松和刘备勾结的事情败露，刘璋大怒，杀了张松，并向各关口的守将发布文书，命令他们断绝与刘备的往来。

刘备知道自己与刘璋彻底撕破脸了，便把杨怀和高沛骗来斩了，兼并了白水军，然后向成都进发。

刘璋赶忙调兵迎战，却都被刘备击败，有的将领甚至还没交战就投降了。刘备的军队快速向前推进，一路上势如破竹，攻下了几乎所有城池，只有一个雒城[①]死守不降。

刘备让军队把雒城围得严严实实，然而打了一年多也没打下来，

---

① 在今四川广汉市中部。

刘备只好写信给诸葛亮,让他再派些人马过来。庞统等不及援军,亲自率兵前去攻打,结果被流箭射死。刘备悲痛万分,命令全军不惜一切代价攻克雒城。

在刘备大军的猛烈进攻下,雒城最终被攻破。刘备一刻都不想等,率领大军继续进发,很快包围了成都。这时,诸葛亮和张飞、赵云率领的援军也已经赶到。刘备大喜,亲自前去迎接诸葛亮等人。他刚把大伙儿迎进军营,马超又来投奔。刘备高兴得直拍手:"太好了!太好了!"原来,围攻雒城时,刘备就派人前往汉中,游说马超。

虽然兵力更足了,但刘备还是希望能和平接手成都,于是派人进城劝降。这时,成都城内还有三万精兵,各种物资也充沛,足以支撑一年,将士们愿意拼死一战,但刘璋回想过去三年的苦战,叹道:"战争让百姓流离失所,暴尸荒野,这都是我的罪过啊。不必再战了。"众将士听了,无不落泪。随后,刘璋下令打开城门,亲自出城投降。

就这样,刘备如愿夺得益州,实现了诸葛亮在"隆中对"中提出的"占领荆州、益州"的战略目标。

成语学习 ①

逆 取 顺 守

逆，背叛；顺，合理。背叛国君夺取天下，遵循常理治理国家。

造　句：	古人认为，商汤和周武王都是
	逆取顺守，文武并用，是合适
	的，也是长久之术。

---

① 这个故事的原文里还有成语"兼弱攻昧"（兼并弱国，讨伐昏聩糊涂的君主）、"池中之物"（比喻没有远大抱负的人）、"放虎自卫"（放出老虎来护卫自己。比喻利用坏人不但不能保护自己，反而招来祸患）。

【 刮目相看 】

《资治通鉴·汉纪五十八》

初，权谓吕蒙曰："卿今当涂掌事，不可不学！"蒙辞以军中多务。权曰："孤岂欲卿治经为博士邪！但当涉猎，见往事耳。卿言多务，孰若孤？孤常读书，自以为大有所益。"蒙乃始就学。及鲁肃过寻阳，与蒙论议，大惊曰："卿今者才略，非复吴下阿蒙！"蒙曰："士别三日，即更刮目相待，大兄何见事之晚乎！"

译 文

起初，孙权对吕蒙说："你现在担任要职，执掌权力，不能不学习。"吕蒙推辞说军中事多，没有时间学习。孙权说："我难道是要你研究儒家经典，去做博士吗？我只是要你浏览书籍，了解过去发生的事情。你说你事多，但谁会像我这样忙？我经常读书，自以为从中得到很多好处。"于是吕蒙开始读书。等到鲁肃经过寻阳时，与吕蒙谈话，大吃一惊说："你今天的才干谋略，再不是当初吴郡的那个阿蒙了！"吕蒙说："士别三日，就不能用老眼光去看他，大哥为什么明白得这么晚呢！"

吕蒙白衣渡江

"鲁将军，关羽来了！"

鲁肃来到江边，只见一艘船箭一般驶来，很快就到了岸边。站在船首的那位红脸大将身材魁梧，丹凤眼、卧蚕眉，身着一袭白衫，手持一把大刀，威风凛凛。"好一个顶天立地的大丈夫！"鲁肃暗暗赞道。

来的正是关羽，船还没停稳，他就朗声笑道："鲁将军，请我来是不是有好酒招待哇？"

寒暄归寒暄，关羽下船后，在距离鲁肃百步的地方便停住脚步，他身后的将士分列两侧，手都按在剑鞘上。

鲁肃身后同样是佩戴刀剑的将士，个个神色凝重。鲁肃开门见山地说："这次请关将军前来，是想讨回孙将军借给刘将军的荆州三郡。之后一定备足好酒好菜款待关将军。"

关羽笑道："上次在赤壁打曹操，我们刘将军可是竭尽全力，这么辛苦，难道还不能得到这些土地吗？"

鲁肃一脸严肃地说："不对吧？当初你们刘将军被曹操打败，无处可去，我们孙将军同情他，才和他联手打曹操的。他分到了长江以南的地盘还不满足，又问我们借了三个郡，我们当时考虑到大家是同盟，才答应他的。"

关羽是个直性子，他知道鲁肃说得没错，自己辩驳不了，只好打哈哈。

鲁肃继续说道:"我们孙将军对刘将军诚心诚意,可刘将军却言而无信,破坏同盟关系,这种事情普通百姓都做不出来,何况统率一邦的领袖人物!"

鲁肃说的全是实情,关羽更加无言以对。

原来,刘备从刘璋手里得到益州后,孙权就向刘备索回借去的三个郡。刘备不愿意,推说:"我正在打凉州,等我拿下凉州,就把三郡还给你。"

孙权骂道:"这个无赖,摆明了就是不想还!"他不管刘备同意不同意,就往长沙、零陵、桂阳三郡派遣了自己任命的地方长官。结果,三郡长官到达后,却被镇守荆州的关羽全赶走了。孙权大怒,命人把大将吕蒙找来。

吕蒙勇猛果敢,立下不少战功,可他因为小时候家里穷,没怎么读过书,孙权就劝他:"你现在的职位很重要,不能不学习。"吕蒙一听读书就头大,推说军中事情太多,抽不出时间。孙权不满地说:"我难道是要你钻研经书去当博士吗?只是让你大致了解些历史。你再忙,还能忙得过我吗?我每天都抽时间读书,总是有收获。"吕蒙听了很惭愧,从此刻苦读书。有一次,鲁肃拜访吕蒙,听他谈起天下事,不禁惊叹道:"听你今天的谈吐,已经不是当初那个阿蒙了!"吕蒙笑道:"有志气的人,分别三日就要刮目相看,大哥你怎么知道得这么晚啊!"吕蒙的进步,孙权都看在眼里,对他越发器重,总是把重要任务交给他。

这不,吕蒙一到,孙权就要他率领两万兵马夺取长沙、桂阳、零陵三郡。但鲁肃一向主张孙刘联盟,觉得让关羽镇守荆州可以替江东抵挡曹操,一旦双方关系闹僵,对江东没什么好处,就请关羽前来商议归还三个郡的事。没想到,关羽全程只是打哈哈,就是不谈归还的事,双方最终不欢而散。

既然谈不拢，那就打！吕蒙的书果然没有白读，轻轻松松将三郡拿下。刘备自然不甘心，急忙从益州赶来，命令关羽抢回三郡。孙权也不含糊，亲自坐镇指挥。

正当孙、刘两军剑拔弩张，为荆州大打出手时，突然传来曹操出兵汉中的消息。汉中是益州的咽喉，刘备怕曹操攻下汉中，威胁到益州，就派人向孙权求和。孙权也表示愿意再度和好。于是，双方重新分割了荆州：长沙、江夏、桂阳以东归孙权，南郡、零陵、武陵以西归刘备。

不久，曹操果然占领了汉中，可是因为后方出了问题，便打消了进一步攻取益州的计划，赶回许都处理。

然而，经过此事后，孙权和刘备越来越不信任对方。后来，主张孙刘联盟的鲁肃去世，主张灭掉刘备、与曹操平分天下的吕蒙接任，他表面上放低姿态，与关羽打得火热，实际上却准备夺取荆州。

建安二十四年（公元219年），在法正的建议下，经过一番艰苦卓绝的战斗，刘备从曹操手里夺下了汉中。因为曹操这时从魏公变成了魏王，所以刘备也不甘示弱，自称汉中王，并大力封赏部将。关羽因为守卫荆州有功，被封为前将军。

关羽见形势大好，觉得应该乘着威势继续扩大地盘，于是率军去打樊城。守樊城的是曹操的大将曹仁，他知道关羽的厉害，不敢大意，派部将于禁、庞德率领七军驻守樊城北面，自己守在城里，与他们相互呼应。

这时正好是雨季，大雨下得没完没了，汉水泛滥，平地上水深达五六丈，许多房屋、村庄被淹没。于禁、庞德的将士只好爬到屋顶、墙上、树上。关羽早有准备，乘着大船前来进攻。曹军无处可逃，于禁只得束手就擒，但庞德不愿投降，拼力死战，最后被关羽活捉杀了。

接着，关羽向樊城发起猛攻。一边是大水漫灌，一边是来势汹汹的关羽，城内的曹军都惊恐不已。关羽又派了一队人马围攻襄阳，这下连许都附近的老百姓都准备逃难了。

曹操慌了："樊城、襄阳危在旦夕，以关羽的实力，肯定能拿下这两城，那么许都就危险了。"他立即召集群臣商议，打算离开许都，避一避关羽的锋芒。

曹操见大家都唯唯诺诺，只有幕僚司马懿若有所思的样子，就让他说说看法。

司马懿，字仲达，聪明善谋，遇事果断，他就对曹操说："刘备和孙权因为荆州闹得不可开交。现在刘备得了益州、汉中，对孙权是巨大的威胁。不如派人去劝孙权，允诺把江南封给他，让他去骚扰关羽的后方，这样樊城之围就解除了。"曹操觉得有道理，就派人拿着他的亲笔信游说孙权。

而一直盯着关羽一举一动的吕蒙，早在关羽进攻樊城时，就写信给孙权说："关羽攻打樊城，却留下很多人守卫荆州，肯定是害怕我们突袭。我身体有病，不如以治病为名回家休养，关羽知道我不在，就会打消顾虑，放心大胆地把荆州的兵力调到樊城去。我们就趁他防守空虚，把南郡抢回来。"

孙权早就对关羽不爽了，他曾经为儿子向关羽的女儿求婚，结果遭到关羽的拒绝，还说什么"虎女怎么能嫁给犬子"，这让孙权很恼火，一直想找机会把这口恶气给出一出。所以，一读完信，他立刻下令，让吕蒙回江东养病。

接替吕蒙的是一个关羽听都没听说过的书生，名叫陆逊。他上任后，也学吕蒙那一套，继续麻痹关羽。

这天，关羽收到陆逊的一封信，里面全是赞美之辞："关将军您在樊城水淹七军，现在天下没有人不知道您的大名。我只是一个书生，从来没打过仗，以后要多向您学习。"关羽本来就有点儿轻视陆逊，现在读了信，更有点儿飘飘然，便放下戒备，从荆州调兵增援樊城。

这时，曹操游说孙权的亲笔信也送到了江东，孙权本来就要偷袭关羽，当即表示愿意为朝廷效力，讨伐关羽。

吕蒙得知关羽调走荆州的守军后，就找了一些商船，命令士兵们打扮成商人模样埋伏在船中，让百姓站在船头摇橹。他们星夜兼程，将关羽安排在江边各处守望的官兵全都抓了起来，从而顺利渡江。①

到达南郡的治所江陵后，吕蒙俘虏了关羽手下将士的家属，但对他们非常友善，同时严肃军纪，要求士兵不得骚扰百姓，索取财物。有一个亲兵与吕蒙是同乡，从百姓家里拿了一个斗笠遮盖铠甲。铠甲虽然是公物，吕蒙仍然认为他违反了军令，流着眼泪将这个亲兵处斩了。全军震恐，连老百姓丢在路上的东西也不敢捡。

由于吕蒙的行动静悄悄的，整个过程关羽一无所知，等他知道南郡失守，已经是好几天以后了。关羽立即回军南撤，并多次派使者与吕蒙联系，谴责江东不顾信义，破坏孙刘联盟。吕蒙对此并不理会，但每次都厚待关羽的使者，允许他们在城中四处游览，还亲自到关羽的士兵家里，看望他们的家人，送去衣物、药品和粮食。关羽的使者回去后，有人打听留在南郡的家人的情况，得知家中平安，待遇比以前还好，一个个都无心恋战了。

关羽无奈，只好向西退守麦城。孙权派人诱降，关羽假装投降，把幡旗做成人像立在城墙上，然后逃走，身边的士兵都跑散了，跟随他的只有十几名骑兵。

---

① 这就是历史上著名的"白衣过江"。"白衣"指代老百姓。

孙权早已经在路上设下伏兵，很快捉住了关羽和他儿子关平，不久便将他们斩杀。

刘备得知噩耗，肝肠欲断，号啕痛哭。他不仅损失了关羽这样的左膀右臂，还丢失了战略要地荆州，只能退守益州，从此失去问鼎中原的机会。而孙权得到荆州后，占据长江，攻守自如，实力大增。从此，曹操、孙权、刘备开始三分天下。

成语学习①

刮目相看

原文为"刮目相待"。指别人已有进步，不能再用老眼光去看他。

造　句：	自从受到老师鼓舞后，李晓同
	学进步很大，大家都对他刮目
	相看。
近义词：	另眼相看
反义词：	等闲视之

---

① 这个故事的原文里还有成语"吴下阿蒙"（吴下，现长江江苏段以南；阿蒙，指吕蒙。居处于吴下一隅的吕蒙。比喻人学识尚浅）、"单刀赴会"（原指关羽只带一口刀和少量随从赴东吴宴会。后泛指一个人冒险赴约。有赞扬赴会者的智略和胆识之意）、"箭不虚发"（形容箭术高超，百发百中）。

【 怅然自失 】

《资治通鉴·汉纪六十》

操尝出征，丕、植并送路侧，植称述功德，发言有章，左右属目，操亦悦焉。丕怅（chàng）然自失，济阴吴质耳语曰："王当行，流涕可也。"及辞，丕涕泣而拜，操及左右咸歔欷（xū xī），于是皆以植多华辞而诚心不及也。

译 文

一次，曹操带兵出征，曹丕和曹植一起送到路旁。曹植称颂曹操的功德，出口成章，旁边的人听了，都向他投去赞赏的目光，曹操自己也很高兴。曹丕却感到非常不痛快，济阴人吴质在他耳边说："待会儿魏王要上路的时候，你流泪哭泣即可。"等到曹操要出发时，曹丕哭着下拜，曹操和部属们都很伤感。因此，大家都认为曹植文辞华丽，但诚心比不上曹丕。

哭来的江山

孙权杀了刘备的好兄弟关羽、夺取了荆州后，想到曹操曾许诺把江南封给自己，就写了一封信向他报告情况。曹操当即向汉献帝上书，推荐孙权为荆州牧，还给他封了侯。

孙权虽然如愿，内心却很不安：这次他帮了曹操的大忙，解了樊城之危，也彻底把盟友刘备得罪了，刘备绝对不会善罢甘休的。现在东吴的实力弱小，比任何时候都需要与曹操搞好关系。于是他又派使者入朝进贡，向曹操表示臣服，还上书说："您辛苦了一辈子，如今年纪也大了，该为自己的子孙后代考虑了。现在时机成熟，您何不顺应天命，即位称帝呢？"

曹操这一年六十五岁了，依然精明、通透，哪会看不出孙权的小把戏？当初他打着兴复汉室的旗号，将汉献帝接到许都，从此挟天子以令诸侯，逐渐扫平群雄，统一了北方，又把那些拥护皇室的外戚势力一一剪除，这样苦心经营数十年，才彻底动摇了刘氏江山的根本。他现在被封为魏王，地位在各诸侯王之上，名义上虽然是汉臣，实际上相当于皇帝。可是，如果他真的代汉自立，一定会在历史上留下谋逆的骂名。

想到这里，曹操将孙权的文书递给左右亲信看，笑着骂道："你们瞧瞧，孙权这小子是要把我放在炉火上烤啊！"

左右亲信却觉得孙权说得没错，纷纷劝道："汉朝的统治名存实亡，您的功德无人能比，所以孙权才在遥远的江南向您称臣。您应该正式登基称帝，还有什么可犹豫的呢？"

　　曹操摆摆手，说："如果上天选中了我，就让我当周文王吧。"当初，周文王并没有因为商朝衰乱就取而代之，到死都做着商朝的臣子，后来他的儿子周武王才灭了商朝，建立周朝。看来，曹操也想把改朝换代的事情交给儿子去做。

　　曹操有二十多个儿子，王后卞夫人生了其中四个：曹丕、曹彰、曹植、曹熊。曹丕在战乱纷争中长大，自然而然喜欢骑马射箭，早年跟随曹操东征西讨，积累了不少军事经验。不仅如此，他还跟曹操一样，文采出众，写了许多名篇佳作。按理说，文武全才的曹丕是王太子的不二人选。但是，曹操偏偏更喜欢三子曹植。

　　曹植自小聪慧过人，十多岁就能诵读《诗经》《论语》以及数十万字的辞赋，尤其擅长写作。有一次，曹操看了曹植的文章，惊喜之余，又有点儿怀疑他是找人代写的，便想考考他。当时恰好邺城的铜雀台①落成，曹操就把儿子们都带上台去，让他们各自作一篇文章。其他儿子还在苦思冥想，曹植却落笔如飞，转眼写成。曹操一读，才相信之前那篇文章的确是曹植写的。

　　除了文采斐然，曹植的性格也和曹操很像，自然随和，做事不拘小节，因此曹操对他的喜爱在众位儿子之上，几次想立他为王太子，又担心群臣反对，就写信询问尚书崔琰（yǎn）的意见。崔琰回信说："自古以来，立长子就是天经地义的。如果不按规矩来，恐怕要出乱子。"

　　曹操又把谋士贾诩叫去。贾诩听了，沉默不语。曹操奇怪地问："你干吗不回答？"贾诩说："我在考虑呢！"曹操问："你考虑什么？"贾诩慢吞吞地说："我在想袁绍、刘表他们两对父子啊！"

---

①　在河北临漳三台村。为东汉末曹操所筑邺都三台之中台。

当初，袁绍、刘表都因为废长立幼招来灾祸。曹操明白贾诩的用意，开始犹豫起来。

曹操的主簿杨修是东汉名士"四知先生"杨震的后人，才情出众，机变百出，很受曹操的器重。他和曹植关系很好，就在立王太子的事情上暗中帮助曹植。曹丕知道后很担忧，悄悄把好朋友吴质藏在旧竹箱里，用车接到府中商议对策。杨修知道了，就跑去曹操那儿告发。曹丕很害怕，吴质就安慰他："别担心，我有办法。"第二天，吴质让人用同一个竹箱装满了绢抬进曹丕的府中。杨修又报告给曹操。曹操派人去检查，发现竹箱里没有人，反而对杨修产生了怀疑。

杨修聪明反被聪明误，让曹丕松了一口气，但他知道曹操还没下定决心，就用心结交贾诩等有名望的老臣。在他们的指导下，曹丕暗暗磨炼自己，在曹操面前刻意展示谦和待人、能成大事的形象。渐渐地，曹操对曹丕的态度越来越好。

一次，曹操带兵出征，众大臣簇拥着曹丕、曹植兄弟俩一起去送行。曹植舍不得父亲，当即挥笔写了一篇文章，称颂父亲的功德，辞藻华丽，文思优美。

大臣们都赞不绝口："真是才华盖世！""学问真高啊！"曹操听了很高兴，满脸笑意地看着曹植。

站在一旁的曹丕见曹植意气风发，不由得怅然自失。吴质见状，就凑在他耳边说："待会儿魏王上马时，您拼命哭就行了。"

曹丕一点就通，等到曹操将要跨上马背时，他"扑通"一声跪在马前。曹操以为他要说什么话，就站在那儿静静地等着。谁知等了老半天，曹丕一句话也没说，只是紧紧地抱住曹操的大腿，号啕大哭起来。

曹操一生南征北战，何等英雄豪迈，这时见曹丕哭成了一个泪人儿，想想自己年纪也大了，统一大业还没有完成，不得不告别妻儿东征西战，便也伤感起来，他轻轻地扶起曹丕，父子相对流泪。部属们见了，都深受感动。事后，大家都认为虽然曹植写的文章华丽优美，诚心却比不上曹丕。

偏偏曹植仗着曹操的宠爱，做事任性，不加掩饰，宫里的人和曹操的部属都不看好他，经常在曹操面前说曹丕的好话，曹操权衡再三后，最终立曹丕为王太子。

曹植十分失落，整日郁郁寡欢，借酒浇愁。有一天晚上，他喝醉了酒，不顾守门官的苦苦阻拦，驾车闯进司马门，从皇帝的专用车道上大摇大摆地出去了。这下可闯了大祸！司马门是天子进出皇宫的专用大门，只有天子或者天子的使者才有资格从此门出入。曹操勃然大怒，直接将守门官处死。从此，曹操对曹植的宠爱一天不如一天了。

曹植就像溺水的人，把杨修当成救命稻草，经常去找他。杨修就帮他揣度曹操的意图，然后预先草拟好十几条答词，并嘱咐："魏王派人送来训诲时，您参照这些答词，做出相应的回答。"如此一来，曹操的训诲刚刚送来，曹植的答词就已经送去。曹操便起了疑心："这回答得未免太快了吧！"经过追问，得知是杨修出的主意，曹操非常愤怒，不久就找了个借口把杨修杀了。

孙权劝曹操称帝的第二年，曹操就得了重病，在洛阳去世。当时曹丕远在邺城，人心因此骚动不安，尤其一直追随曹操的青州兵听说曹操去世，感觉失去主心骨，都要求解散回乡。

幸亏谏议大夫贾逵头脑冷静，为了防止青州兵趁乱造反，便命令青州兵所到之处，当地官府要给他们提供粮食与返家的费用。于是，青州兵有序回乡，没有发生骚乱。

曹操去世的消息传到邺城，曹丕痛哭流涕，不能自已。太子属官司马孚（fú）① 上前劝道："先王刚刚去世，全国上下都等着您的号令。这个时候，您应该为祖宗的基业着想，为全国的百姓考虑，怎么能像普通人一样哭哭啼啼呢？"

曹丕这才止住眼泪，立刻赶到洛阳，召集众臣，商议曹操的丧事，结果话说到一半，他又泣不成声。那些追随曹操多年的老臣见了，也跟着痛哭，朝堂上一片混乱。

① 司马懿的弟弟。

司马孚见状，大声呵斥道："哭哭哭，就知道哭！难道除了哭，你们什么也不会了吗？如今先王去世，举国震动，当务之急是拜立新王，安抚天下。"众大臣这才收住声，立即安排丧礼，一天就办理完毕。

第二天一早，众人以魏王王后的名义，命令王太子曹丕即魏王位。不久，汉献帝派人带着诏书，授予曹丕丞相印绶和魏王玺绶。

曹丕当了魏王后，对当初与自己争位的曹植仍耿耿于怀，马上把他遣回封地，还安排人严密监视。曹植的下属为了迎合曹丕的意图，就诬告曹植，说他整天酗酒，醉了就胡言乱语，大骂曹丕派去的使者。

曹丕很恼怒，把曹植叫到京城，说："你傲慢犯上，本应重重地治你的罪，念在兄弟情分上，我给你一次机会，如果你能在七步之内写出一首诗，我就饶了你。"

曹植知道哥哥存心报复，悲愤极了，就一边踱步一边吟诗："煮豆燃豆萁，豆在釜中泣。本是同根生，相煎何太急！"诗作完，他刚好走了七步①。曹丕听了感到很惭愧，就放过了曹植。

但是，曹丕从此加强了对诸侯王的管控，在各诸侯国设置相关官员，监视诸侯王的行动，不允许他们进京朝见皇帝，各诸侯国只有百余名老兵警卫。所以，这些诸侯王虽有王侯的名义，实际上与平民百姓没有什么区别。

曹丕知道，权力来之不易，必须加以巩固，除了打击反对自己的人，他还大量培植亲信。他采纳尚书陈群的意见，确立九品中正制为主要的选官制度，即根据品行和能力，把人才分为九个不同等级。如此一来，士族阶层从中得到很大的好处，从而积极地支持

---

① 关于《七步诗》的故事，出自南朝宋刘义庆撰写的《世说新语》，司马光在《资治通鉴》中并无记载。

曹丕。

　　公元 220 年，魏王曹丕接受汉献帝刘协的禅让，登基称帝，改国号为魏，他就是魏文帝。随后，曹丕追封死去的父亲曹操为魏武帝。至此，历经一百九十余年的东汉王朝正式结束，三国时代的魏国建立，开启了中国历史上自秦汉以来的第一次大分裂时期。

怅然自失

怅然，因不如意而感到不痛快。形容神志迷乱，像失去什么似的。

造　句：	王冰听说好朋友要转学，顿时怅然自失，心里说不出的难受。
近义词：	怅然若失、若有所失
反义词：	从容自若、若无其事

〖 忍辱负重 〗

《资治通鉴·魏纪一》

逊按剑曰："刘备天下知名，曹操所惮，今在疆界，此强对也。诸君并荷国恩，当相辑睦，共翦此虏，上报所受，而不相顺，何也？仆虽书生，受命主上，国家所以屈诸君使相承望者，以仆尺寸可称，能忍辱负重故也。各在其事，岂复得辞！军令有常，不可犯也！"

译 文

陆逊手按宝剑说："刘备是一代枭雄，连曹操都忌惮他三分，如今已率大军进入我国境内，是我们的强劲对手。诸位都受过国家大恩，应该和睦相处，齐心合力消灭强敌，报效国家，但是你们却不服从我的指挥，究竟为什么？我陆逊虽为一介书生，却是受了主公的委任。主公之所以委屈各位当我的部下，是认为我还有一点可以称道，那就是为了完成艰巨的任务，能忍受暂时的屈辱啊。大家各司其职，岂能推辞！军令如山，不可违犯！"

陆逊火烧连营

曹丕称帝的事情传开后，天下人议论纷纷。不久，蜀地开始流传起汉献帝被曹丕杀了的消息。刘备听说后，哭得眼睛都肿了，马上发出告示，要给献帝举办隆重的丧礼。丧礼结束后，诸葛亮等人纷纷上书，说天下出现很多祥兆，请求刘备称帝。刘备推辞一番才答应。

公元221年，刘备在成都登基称帝，以汉室宗亲的身份重新建立汉朝，任命诸葛亮为丞相，负责管理国家大事。因为刘备在蜀地称帝，后人便称他建立的国家为蜀汉，或蜀国。

刘备虽然做了皇帝，但是一想到荆州被孙权抢走，爱将关羽也被孙权杀害就怎么也高兴不起来，他对大臣们说："我打算攻打孙权：一是夺回荆州，壮大国威；二则为关羽报仇雪恨。"

大将赵云劝道："国贼是曹魏，不是孙权。假如我们灭掉魏国，孙权自然会乖乖听话。现在曹操的儿子曹丕窃取了汉室江山，我们应当率领正义之师去讨伐他，怎么反而向孙权开战呢？"

其他大臣也纷纷劝谏，刘备却板着脸，谁的话都听不进。诸葛亮虽然也不同意出兵，但不愿意当面顶撞刘备，便一句话也不说。于是，刘备留下诸葛亮与太子刘禅守成都，命令车骑将军张飞和自己一起去讨伐孙权。

张飞这个人，脾气急躁，性情暴烈，平时对下属态度粗暴，手底下的将士犯了一点儿小错，他不是鞭打就是臭骂。刘备曾经多次告诫他："你对手下这么严厉，又把那些受过你鞭打的将士留在身边，要小心飞来横祸啊！"张飞满不在乎地说："谅他们没这个胆！"

张飞一接到刘备的诏令，就心急火燎地安排出征的事情，有几个士兵动作慢了些，又被他痛打一顿。当天晚上，张飞喝了点儿酒就睡下了。有两名将领受不了张飞的严酷，听到帐内呼噜声响起，就溜进去杀了他。随后，二人带着张飞的脑袋，顺江而下投降了孙权。

刚失去关羽，又没了张飞，刘备悲痛得几乎不想活了，大哭不已："哎呀，张飞死了！张飞死了！"他把新仇旧恨都算在孙权身上，率领数万军队，水陆并进，浩浩荡荡向东吴杀去。

"该来的还是来了！"孙权先是派诸葛亮的哥哥诸葛瑾写信给刘备求和。刘备理都不理。孙权只好硬起头皮，任命陆逊为大都督，统领五万人马，前往夷陵迎击蜀军。

军队虽然出发了，但是孙权心里很不踏实，生怕曹丕趁火打劫，就火速派人出使魏国，向曹丕称臣。为了表达自己的诚意，孙权还将关羽水淹七军时活捉的魏将于禁等人送回。曹丕见孙权态度谦卑，便接受了他的归附，但要求孙权送一个儿子过去当人质。孙权满口答应。曹丕一高兴，就封孙权为吴王。孙权这才放下心来，一门心思迎战蜀军。

当时，长江三峡是东吴与蜀国之间最主要的通道。刘备率领大军沿长江南岸翻山越岭，向东吴进发，驻军在猇（xiāo）亭。

听说刘备的军队一天天逼近，东吴的将领们纷纷向陆逊请求出兵迎击。陆逊摇头说："现在不是出兵的好时机！刘备率军沿江东下，势头正猛，而且他们占据高地，固守险要的地方，我们很难发起进攻。即便我们暂时攻击成功，也不能完全将他们击败，而且会使我军主力受损。"

当初，孙权袭取荆州时，名不见经传的陆逊立下大功，升为右将军，这次又被拜为大都督，年纪轻轻就身居要职，本就让军中老将不服气，现在他又拒绝大家的请战要求，更令老将们愤怒，有一人便大声叫道："大都督，难道您还怕刘备不成？"

陆逊轻轻一笑，说："刘备没什么好怕的。你们看，这一带都是高山峻岭，蜀军这次沿着山岭布置军队，不仅优势兵力无法展开，还容易被困在树林乱石之中，最后锐气日渐消耗。我们要有耐心，多花精力在激励本军将士上，静观形势变化，等他们出现衰弱的迹象时再攻打。"

东吴按兵不动，蜀军却声势浩大。刘备命人从巫峡建平①到夷陵，沿途扎下数十座营盘，营寨前军旗飘扬，军势极盛。吴军将士心中不安，但陆逊不为所动。

一天，刘备派人轮番到吴军阵前辱骂挑战："看来吴人都是贪生怕死的缩头乌龟，不敢出战！"

"哈哈，听说陆逊就是一个书呆子，根本不会带兵打仗！"

蜀军在外面越骂越难听，东吴将士越听越生气，几名老将再次冲进陆逊帐中请战，陆逊却摆摆手让他们退下。

刘备见陆逊不为所动，就派大将张南率兵围攻夷道②，想逼陆逊分兵救援。蜀军将士如潮水般拥向夷道，夷道守将孙桓的人马不多，招架不住，只得写信向陆逊求救。陆逊却拒绝派兵相救。刘备的如意算盘落空了。

从正月到六月，吴、蜀两军一直对峙，连一次小仗都没有打过，远道而来的蜀军将士渐渐有些不耐烦了。刘备命令蜀将吴班率领几千人在平地扎营，打算引诱吴军出战。吴军将领见刘备越逼越紧，

---

① 在今河南永城西北。
② 在今湖北宜都市西。

而陆逊每天只是读读书，找将士们谈谈话，丝毫没有应战的打算，都按捺不住了。

一名将领嚷嚷道："大都督，您从半年前开始躲刘备，打算躲到什么时候呀？"

陆逊还是淡淡一笑，说："蜀军突然在平地扎营，一定有蹊跷，我们静观其变吧。"

另一名将领听了，大发牢骚："您总说静观其变，敌人都打上门来了，我们要静到什么时候？您这样带兵打仗，只怕难以服众！"

陆逊双眉一挑，手按腰中宝剑，厉声道："刘备是一代枭雄，连曹操都忌惮三分。面对这样的强敌，我们应该齐心合力，但你们却不服从我的指挥，究竟为什么？我陆逊虽是一介书生，却是主公任命的大都督。主公之所以委屈各位当我的部下，是认为我能忍辱负重。谁敢不服从命令，军法处置！"

众将还是第一次见陆逊发火，都不敢吱声了。

刘备见陆逊不上钩，只好命令八千伏兵从山谷中出来。陆逊对将领们说："怎么样？我就说刘备有埋伏吧！"众将都说不出话来。

长期相持让蜀军将士感到非常疲惫，当时又是大夏天，天气炎热，大家苦不堪言。刘备长年征战，懂得体恤将士，便让水军离开船舰，转移到陆地，还下令把军营安扎在气温相对低的深山密林里，营旁就是小溪，方便将士们屯兵休整，准备等天气转凉后再战。

陆逊接到报告，喜上眉梢，对将士们说："可以进攻了！"

老将们都不解，说："当初刘备刚入吴地，还没站稳脚跟，本是最好的进攻时机，您却不让。现在刘备已经深入我们境内，又占据了不少险要关口，您反而进攻，这样做实在不合常理。"

陆逊胸有成竹地说："刘备一向狡猾，又打过很多仗。蜀军刚到达吴地时，士气旺盛，布置周密，我们无法向他们发动进攻。如今双方相持了大半年，蜀军已经疲惫不堪，可刘备却在此时放弃水陆并进、夹击我军的方案，选择驻扎在山路上，肯定会导致兵力分散，补给困难，这正是我们进攻的大好机会。"说完，他安排一队人马攻打蜀军的一个营垒，结果被打败。

吴军将士就嘀咕起来："唉，不听老将的劝谏，白白损兵折将！"

陆逊不慌不忙地说："刚才我只是想试试刘备的虚实。现在我已经有破敌的办法了。"原来，陆逊听士兵们报告说，蜀军的营寨都是用木栅栏围成的，周围全是树林、枯草，所以打算用火攻。

当天夜里，陆逊命令一队士兵前去偷袭。他们每人手拿一束茅草，来到蜀军营寨边，同时顺风点火。只见火苗蹿起，火舌又被风卷着向栅栏、营帐、树木蔓延。很快，蜀军的四十多座营地陷入火海，蜀军将士大乱，不顾一切地冲出营地。一时间，火爆声、呼呼的风声、喊叫声，响彻山野。

陆逊乘势发起反攻，蜀军狼狈向西撤退，却被五千东吴精兵切断了退路。包围夷道的蜀军得到消息，赶紧回军救援。双方陷入混战。然而，在吴军凌厉的攻势下，蜀军渐渐招架不住，数十座营寨被攻破。陆逊又让水军截断了长江两岸蜀军的联系。守在长江北岸的蜀军没了退路，纷纷投降。

刘备见蜀军全线崩溃，只得往夷陵的西北方向逃跑。陆逊集中兵力，紧追不舍，沿途又杀死了数万蜀军将士。

在几十名亲信的拼死保护下，刘备突出吴军的重重包围，半路上遇到前来接应的赵云，于是逃往白帝城。一路上，蜀军的船只、器械等军用物资，都被吴军夺走；蜀军将士的尸体塞满长江，江水一片殷红。

刘备好不容易逃进了白帝城，清点了一下人数，发现损失惨重，他十分懊恼，跺着脚说："我被陆逊羞辱，这是天意啊！"

就在陆逊准备继续围攻白帝城时，却听说曹丕正在调集军队，他担心魏军趁机攻打东吴后方，便主动退军。

陆逊撤军后，刘备在白帝城住了下来，想到这场历时一年多的战争，不但没能为关羽报仇，也没有夺回荆州，还让蜀国损兵折将，极大地消耗了国力，他悔恨交加，整日闷闷不乐，很快就一病不起。

忍 辱 负 重

为了完成艰巨的任务，忍受暂时的屈辱。

造　句：他忍辱负重，刻苦练习武艺，	
终于报了当年的一箭之仇。	
近义词：忍气吞声、含垢忍辱	
反义词：忍无可忍、报仇雪恨	

〖 集思广益 〗

《资治通鉴·魏纪二》

亮乃约官职,修法制,发教与群下曰:"夫参署者,集众思,广忠益也。若远小嫌,难相违覆,旷阙损矣。违覆而得中,犹弃敝蹻(juē)而获珠玉。"

译文

于是诸葛亮精简官职,修订法制,向百官发下文告说:"所谓参与朝政,署理政务,就是要集合众人的智慧,采纳有益的意见。如果因为一些小隔阂而彼此疏远,就无法听到不同意见,那将会使我们的事业受到损失。听取不同意见而能得出正确的结论,如同扔掉破草鞋而获得珍珠美玉。"

诸葛亮七擒孟获

刘备攻打东吴时，丞相诸葛亮奉命留在成都治理国家，保障前线所需的军资供应。他一边勤勤恳恳处理政事，一边盼着从夷陵传来捷报。

诸葛亮等啊等，却等来了刘备被陆逊火烧连营，败退白帝城的坏消息。诸葛亮愣了半天才叹道："要是法正 ① 还活着，也许可以劝阻陛下，不让他打这场仗；就算不能劝阻，他如果随军出征，也不至于大败，唉……"

然而，更坏的消息还在后头。不久，一名使者飞马来报，说刘备病重，要诸葛亮赶紧前往白帝城。诸葛亮心中"咯噔"一下，立即上路。

诸葛亮赶到白帝城时，刘备已经病入膏肓，他见诸葛亮进来，示意左右卷起帐幔，扶自己坐起来。诸葛亮见他脸色蜡黄，气息微弱，眼睛里再也没有往日的神采，心里非常难过，却不敢表露出来，上前一拜，说道："臣来迟了！"

刘备缓缓点了点头，喘着气说："孔明啊，我的日子不多了，着急把你叫来，是想将国家和太子托付给你。"他停了一会儿，又接着说："你的才能胜过魏国的曹丕十倍，必能安定国家，完成统一大业。将来如果我的儿子刘禅还像样，你就好好辅佐他；如果他没什

---

① 法正是刘备的核心谋士，很有军事天才，当年刘备夺取益州，法正出谋划策，立下汗马功劳，可惜英年早逝。

么才能，你就取代他。"

诸葛亮诚惶诚恐地跪下，流着泪说："臣一定全力辅佐太子，为国效命，至死方休！"

刘备欣慰地点了点头，把年仅十七岁的太子刘禅叫到床边，语重心长地说："我已经活了六十多岁，没有什么遗憾了，只是放不下你们兄弟几个，希望你们多多努力！从今往后，你要记住，不要因为坏事很小就去做，也不要因为好事很小就不去做！能够让天下人心服口服的，只有贤明和德行。我走之后，你与丞相共同处理政务。你要像对待父亲一样尊重丞相。千万记住了！"

几天后，刘备去世。刘禅即位，他就是蜀汉后主。刘禅从小娇生惯养，没有经历过什么大事，便将国家的大小事情，都交给诸葛亮处理。此后的十几年，诸葛亮成为蜀国的实际统治者。

诸葛亮主政后，果然不负刘备所托，在政治、外交、军事上都显示出非凡的才干。他知道自己接手的是一个烂摊子：夷陵之战使蜀国国力大损，刘备的死更让国家摇摇欲坠，只有依法治蜀才能迅速恢复国力，所以他精简官职，修订法制。为了吸纳对蜀国有利的政见，他鼓励大臣们畅所欲言："处理朝政，就是要集思广益。如果我们因为一些小隔阂而彼此疏远，就无法听到不同的声音，那会损害我们的事业。善于听取不同意见并得出正确的结论，就如同扔掉破草鞋而获得珍珠美玉。"

经过几年的精心治理，蜀国朝政终于走上正轨，诸葛亮就琢磨着联合孙吴、共同抵抗曹魏的事情了。可是，自从关羽被杀，吴、蜀之间就闹僵了，怎么修复关系呢？

大臣邓芝看出了诸葛亮的心思，建议派重要使臣到吴地再次申明和好的愿望。

邓芝是东汉开国功臣邓禹的后人，很有辩才。诸葛亮看着他，

若有所思地说："这件事情我考虑了很久，苦于没有合适的人选，现在总算找到了。"

邓芝好奇地问："丞相心中的人选是谁啊？"

诸葛亮呵呵一笑，指着邓芝说："就是你啊。"

邓芝笑着答应了。他到东吴后，成功游说吴王孙权与魏国断绝关系，一心一意与蜀国交好。自此，吴、蜀两地的使者往来不断。而后几十年，两国之间再也没有发生过战事。

与东吴恢复友好关系后，诸葛亮总算松了一口气，于是着手处理另一件棘手的事情。

原来，刘备去世那年，南中①地区的夷族人反叛蜀国，不少将领要求带兵前去平乱。诸葛亮却说："南中的叛乱早晚都要平定的，但是现在条件还不成熟。我们刚刚经历了国丧，加上这些年不断打仗，元气大伤，当务之急是将所有精力放在发展农业生产、安定百姓生活上。现在对南中地区的叛民，要以安抚为主，等将来兵强马壮时再去平定。"

蜀汉建兴三年（公元225年），诸葛亮听说魏国准备大举进攻东吴，估计魏国一时半会儿不会来攻，就带领军队前往南中地区。

临行前，参军马谡（sù）前来送别。诸葛亮知道马谡很懂军事，就虚心地向他请教："这一仗该怎么打呢？"

马谡想了想，说："南中这个地方，地形险要，路途遥远，夷人叛乱已经很久了。即使今天打败了他们，等我们一回师，他们还是要反叛的。这次南征就要解决这个大麻烦。如果将夷人全都杀光，既不仁厚，短期内也办不到。依我看，攻心为上，攻城为下。用武力征服他们是下策，最好让他们心服口服。"

---

① 相当于今四川大渡河以南及云、贵两省。三国时蜀国以巴蜀为根据地，该地在巴蜀之南，故名。

到了南中后，蜀军兵分几路，顺利击败了各县的叛军，将士们都很开心，以为马上可以班师回朝了。谁知有探子来报："孟获率领残部，前来袭击！"

诸葛亮问："这个孟获是什么人？"

有人回答："孟获是南中地区响当当的人物，不仅作战勇敢，还特别讲义气。这里的汉人和夷人都服他。"

诸葛亮想起马谡的话，看来光凭武力是行不通的，便对左右将领说："你们去迎战，把孟获活捉回来。"

两军交战前，蜀军精心布下埋伏。孟获虽然勇猛，却不懂兵法，他带着部众横冲直撞，掉入埋伏圈里，被五花大绑押到诸葛亮面前。

诸葛亮欣赏孟获的勇猛，劝他归顺。孟获怒气冲冲地说："要杀就赶紧杀，我宁死不降！"

诸葛亮也不计较，亲自上前替他松绑，然后带着他参观了军营战阵，问："我这支军队怎么样？"

孟获悻悻地说："以前不知道你们的虚实，所以遭到失败。现在看了你们的军阵，也不过如此。如果您放我回去，咱们再打一次，我一定能轻松取胜。"

诸葛亮见他快人快语，不禁乐了，说："好，那你回去吧，我们再打一仗！"

孟获将信将疑，试探着往帐外走，边走边看诸葛亮的反应。他走到门口，见诸葛亮没有阻拦的意思，这才相信是真的，于是拔腿就跑。诸葛亮望着他的背影，抚须大笑。

孟获回去后，也动起了脑筋：白天看蜀军军容齐整，士气旺盛，正面打不过，那就搞偷袭呗！当天夜晚，他带着几百名壮士，偷偷靠近蜀军的军营。他把耳朵贴在帐上听了好一会儿，里面静悄悄的，心中大喜："蜀军将士肯定睡熟了！"便挥舞着大刀带头往里冲。谁

知，里边一个人影儿也没有。孟获正在发愣，突然听到帐外鼓声震动，扭头一看，火把亮起，蜀军将士把他们包围了。孟获再次被活捉。

诸葛亮见到孟获，笑眯眯地问："这回你该认输了吧！"

孟获恨恨地说："你靠阴谋诡计赢了我，算什么本事！"他自己搞偷袭，还要赖说人家耍阴谋，诸葛亮觉得好笑，就说："我把你放了，我们再战。"孟获一溜烟就往帐外跑，回去集合人马重新来攻。

可是，无论孟获用什么办法，都被诸葛亮打败，前前后后被活捉了七次。当他第七次被押到诸葛亮面前时，诸葛亮仍想将他放走，他却不肯走了。诸葛亮奇怪地问："如果你不服气，我们再打一仗？"

孟获流着泪对诸葛亮说："您有天威！我决不再反了！"他的部众也跟着说："对，我们不再反了！"诸葛亮很高兴，下令杀牛宰羊招待他们。席间，诸葛亮对孟获等人十分亲切，好像自家兄弟一样。

孟获投降后，南中地区的叛乱终于平定，蜀军准备班师。回朝前，诸葛亮想任用南中地区原来的首领当地方长官，有人觉得这样不妥。

诸葛亮说："如果留外地人在这里当地方官，就要配备军队、供应粮草，这是一个难题；另外，这里的夷人刚刚经受战乱，许多人失去亲友，心中有怨气，肯定不会信任外来的长官。现在我们一不派官，二不运粮，定下大体的制度，让他们自己治理当地，只有这样，百姓才能安心。"于是任命孟获等人为地方长官，要他们按时朝贡。此后，在诸葛亮的有生之年，南中地区的夷族人再也没有反叛。

成语学习①

集思广益

思，思考、意见；广，扩大。指集中群众的智慧，广泛吸收有益的意见。

造　句：	为了上好这节语文课，林老师集思广益，认真地设计了教学方案。
近义词：	群策群力、广开言路
反义词：	一意孤行、独断专行

---

① 这个故事的原文里还有成语"股肱之力"（股肱，大腿和胳膊。自己的所有力量。形容做事已竭尽全力）、"勿以恶小而为之，勿以善小而不为"（不要以为是微小的坏事就可以做，不要以为是不大的好事就不去做）、"坐而论道"（坐着空谈大道理。指口头说说，不见行动）。

〖 指天为誓 〗

《资治通鉴·魏纪一》

周以为权必臣服，而衮（gǔn）谓其不可必服。帝悦周言，以为有以知之，故立为吴王，复使周至吴。周谓吴王曰："陛下未信王遣子入侍，周以阖（hé）门百口明之。"吴王为之流涕沾襟，指天为誓。

译文

浩周认为孙权一定会臣服，而东里衮则认为孙权不一定臣服。文帝更相信浩周的话，认为浩周真正了解孙权，因而决定封孙权为吴王，并派浩周返回吴国。浩周对孙权说："陛下不相信您会送公子去做人质，我以全族百余口人的性命担保您一定会送公子去。"孙权为此感动得热泪沾襟，指着天发誓。

孙权忽悠魏文帝

夷陵之战时，孙权为了稳住魏文帝曹丕，就假意向其称臣，还答应送长子孙登到魏国做人质。为了表达自己归附的诚心，孙权又派原魏将浩周和东里衮去见曹丕。

当初，浩周和东里衮都随于禁出征荆州，被关羽打败后，跟于禁一起被俘，并投降蜀国。后来，荆州被东吴夺取，他们又投降孙权，受到孙权的优待。

曹丕问浩周和东里衮："孙权这个人可信吗？"

浩周说："我以全族人的性命担保，孙权是诚心诚意向陛下臣服的。"

东里衮却说："这只是孙权避免两线作战的权宜之计，他一定不会向魏国臣服。"

曹丕更喜欢听浩周的话，认为他更了解情况，所以封孙权为吴王，并再派浩周出使东吴。

浩周对孙权说："我们陛下不相信您会送公子去当人质，我以全族百余口人的性命担保，您一定会送公子去。"

孙权感动得热泪盈眶，握着浩周的手，指天为誓："您放心，我随后就送儿子去当人质。"

浩周高高兴兴地回到魏国，孙权却没把孙登送去，而是立他为太子，这就等于说孙登不适合当人质了。曹丕可不管这些，再次派使者前往东吴盟誓，要封孙登为万户侯，并催促孙权送儿子上路。

孙权又以孙登年纪还小为由，上书推辞了。

当时夷陵之战还没结束，孙权怕曹丕起疑，就派大臣沈珩（héng）出使魏国。沈珩极有智谋，擅长随机应变。他带着满满几车的江南土特产来到魏国，恭恭敬敬地向曹丕谢罪。

曹丕问："你们吴王是不是怀疑我们会攻打他？"

沈珩答道："不怀疑。"

曹丕追问："为什么？"

沈珩严肃地说："我们两国已经结盟，约定重归于好，所以不怀疑；即使魏国打算破坏盟约，我们也早有准备。"

曹丕见问不出什么，便转移话题，问："听说太子孙登要来我们魏国，这消息是真的吗？"

沈珩说："我既不上朝，也没有参加宴会，所以并未听到这种议论。"

沈珩不卑不亢，曹丕拿他没办法，只好客客气气地送他回去。夷陵之战结束后，孙权仍然没有送孙登到魏国，曹丕这才意识到自己上了当，怒骂道："孙权这个滑头，竟敢欺骗我，我非教训他不可！"

大臣刘晔说："孙权刚刚在夷陵之战获得大胜，军民同心，士气正旺，而且他们有长江天险，我们如果仓促发兵，恐怕很难取胜。"曹丕已经气昏了头，根本听不进劝谏，执意要打东吴。

黄初三年（公元222年）九月，曹丕调兵遣将，从许昌出发南征孙权。他命大将曹休、曹仁、曹真从东、中、西线三路并进，想一举消灭东吴。孙权不敢大意，在各路都精心部署，自己率兵临江拒守。

在东线战场，吴将吕范带领水军抵抗曹休，因为长江上风浪大，他命人用缆绳将船系在一起。到了晚上，江上刮起大风，吹断了船队的缆绳，船只纷纷漂到长江北岸。魏军见吴军送上门来，喜出望外，轻轻松松斩杀了几千名吴军将士，俘获大量船只。随后，曹休乘胜渡江追击，又斩杀不少吴军。

与此同时，中线战场的曹仁放出要向东进攻羡溪^①的风声，暗中却率领数万步骑兵往濡（rú）须^②方向赶。濡须城的守将朱桓不知是计，马上分兵增援羡溪。谁知援军刚出发，曹仁的大军就直扑濡须。等到朱桓反应过来，已经晚了，魏军距离濡须只有七十里路，他惊出一身冷汗，一边派人火速追回援军，一边做好与曹仁死战的准备。

当时，濡须的守军只有五千人，敌众我寡，将士们十分害怕，朱桓就激励大家说："两军交战，胜负取决于将领的指挥水平，不在于人数多少。你们认为曹仁的指挥能力比我高明吗？"众将士都不吭声。

朱桓继续鼓舞士气："曹仁并没有多少智谋，魏军中多数是胆小鬼。再说，这次他们从北方一路南下，早就累得不行了。我们据守的这座城非常坚固，南临长江，北靠山岭，地势十分险要。即便曹丕亲自来，我们也不怕，何况是区区曹仁！"将士们这才稍稍振作。

曹仁认为濡须兵力虚弱，不堪一击，就让儿子曹泰进攻濡须城，又派部将常雕、王双等人乘牛皮油船袭击长江下游的中洲，将住在那里的朱桓的妻儿捉过来，威胁朱桓投降。

尚书蒋济认为不妥，劝曹仁："吴军据守长江西岸，把战舰停泊在上游，现在我军却去进攻下游的中洲，这是自取灭亡！"曹仁不听，亲自率领一万人做曹泰的后援。

朱桓分派将领进攻常雕、王双等人，自己则抗击曹泰。吴军

---

① 在今安徽无为市东北。
② 在今安徽无为市东南。

将士众志成城，逼退了曹泰，斩杀了常雕，活捉了王双，杀死杀伤一千多名魏兵。

在西线战场，曹真与张郃、夏侯尚等将领包围了江陵城。孙权派诸葛瑾前去解围，被夏侯尚击退。曹真命士兵堆土山、挖地道，临城筑起高台，准备攻城。

江陵城被围得铁桶似的，偏偏此时城中许多士兵得了浮肿病，实际能够参加战斗的只有五千人。这时，魏军又开始往城中放箭，吴兵纷纷躲避逃窜，守将朱然却泰然自若，不断地激励大家，又与将士们找到魏军的薄弱之处，最后率军出击，攻破魏军两座营垒。曹真气急败坏，下令继续攻城，却没能攻下。

一转眼，六个月过去了，江陵城岿然不动。双方将士都非常辛苦，然而谁也不肯先放弃。夏侯尚想打破僵局，他注意到当时长江水浅，江面狭窄，打算乘船率步骑兵进入中洲，在江面上架设浮桥，通往北岸，进攻江陵。参与这个计划的将领都很乐观，认为这次一定可以攻克江陵。

作战计划报告到曹丕那儿，曹丕让大臣们讨论。侍中董昭说："夏侯尚将军犯了兵家大忌。我军深入吴军腹地，仅凭浮桥往来，万一吴军集中力量攻击浮桥，我们就会全军覆没。而且一旦江水暴涨，我们的战士不通水性，根本无法防御。"

曹丕觉得他说得对，就命令夏侯尚撤出中洲。吴军得到情报，正计划火烧浮桥，因魏军撤出，所以没能实施。十天后，江水暴涨。曹丕对董昭说："你真是料事如神啊！"

结果，这次南征东吴的三路魏军中，只有曹休取得大胜。曹仁在濡须惨败，曹真在江陵与朱然相持不下，偏偏军中流行起瘟疫，曹丕便下令全线撤军。

撤兵后，曹丕一直不甘心，过了一年多，他再次率军攻打孙权。

孙权召集众臣商议，大将徐盛献计说："现在正是汛期，江水上涨，风大浪大，我们可以用苇席包住竖立的木桩，做成绵延数百里的假城池和望楼，以迷惑魏军。"孙权采纳了他的意见，派人在一夜之间全部建成，又在长江上布下许多舰船，往返巡航。

曹丕乘着龙舟到达广陵时，长江水位正迅猛上涨，龙舟在狂风大浪中上下颠簸。曹丕扶着栏杆，好不容易站定，只见江水茫茫，远处吴军的城池影影绰绰，连绵数百里，吴军船舰在江上往返巡逻，井然有序，不由得叹息说："我军虽有铁骑千万，在长江上竟毫无用武之地，看来这次不能取胜了！"

这时，曹休派人报告说："我们活捉了一名吴兵，他说孙权已经到了濡须口。"

大臣卫臻对此表示怀疑，说："孙权只是仗着长江天险与我们对峙，其实他不敢与我们在军事上抗衡，这一定是他故意散布的谣言。"

曹丕沉默了片刻，又问左右："你们认为，这次孙权会亲自前来吗？"

左右小心翼翼地答道："陛下您御驾亲征，孙权一定害怕得不得了，所以把所有的力量都调来应对。大敌当前，孙权肯定会亲自前来。"

曹丕在江边停留了很多天，可是，孙权始终没有出现，于是对那名吴兵严刑审问，才知道孙权要来的消息是假的。曹丕怅然若失，下令退兵。

黄初六年（公元225年），曹丕吸取了长江汛期无法渡江的教训，决定晚一点儿率领水军向广陵进发。

尚书蒋济出生于扬州，对当地地形和气候非常熟悉，就上书说："临近冬天，恐怕水道难以通航。"曹丕不听，集结了十万水军、数千艘战舰，浩浩荡荡沿江南下。到达广陵后，为了向东吴炫耀军威，曹丕在江边举行盛大的检阅仪式。只见魏军盔甲锃亮，旌旗飘扬，气壮山河，曹丕大为振奋，觉得这次一定能灭了孙权。

可是，曹丕做梦也没想到，魏军避开了长江的汛期，却碰上突如其来的寒潮。这一年，南方的冬天提早降临，水面上结起了厚厚的冰层，战船无法入江。曹丕眺望长江南岸，见吴军军容齐整，井然有序，沿江布防，长度超过一百里，叹息说："唉，这是天意要分割大江南北啊！"只好再次撤军。

返回洛阳后，曹丕反思自己三次南征失利的事情，对蒋济说："今后征讨孙权的事，要谋划好再行动了。"

曹丕说这句话的时候并不会想到，南征东吴的事业只能留给儿孙了。这年五月，曹丕驾崩，年仅四十岁。太子曹睿即位，由曹真、司马懿、陈群、曹休等大臣辅政。曹睿就是魏明帝。

成语学习①

指 天 为 誓

誓，发誓。指着天发誓。表示意志坚决或对人表示忠诚。

造　句：他指天为誓，说得那么斩钉截铁，让人不得不信。	
近义词：指天誓日、信誓旦旦	
反义词：背信弃义、言而无信	

---

① 这个故事的原文里还有成语"车载斗量"（用车载，用斗量。形容数量很多，不足为奇）。

【 言过其实 】

《资治通鉴·魏纪三》

　　初，越巂（xī）太守马谡，才器过人，好论军计，诸葛亮深加器异；汉昭烈临终，谓亮曰："马谡言过其实，不可大用，君其察之！"亮犹谓不然，以谡为参军，每引见谈论，自昼达夜。

译文

　　起初，越巂太守马谡胸怀抱负，饱读兵书，在军事方面常常有不凡的见解，深得诸葛亮的器重。刘备却认为马谡名不副实，临终前还特地嘱咐诸葛亮说："马谡言语浮夸，超过实际才能，不可以委以重任，你要对他多加考察。"诸葛亮却不以为然，让马谡做了参军，时常接见他一起交谈，从白天谈到深夜。

马谡丢了街亭

魏文帝曹丕的死讯一传到蜀国，诸葛亮就觉得机会来了，便调集军队，准备攻打魏国。

出征前，诸葛亮给后主刘禅上了一份奏章，大意是说："先帝[①]开创大业，刚刚见到一些成效，却中途晏驾[②]了。如今天下三分，鼎足而立，我们是其中最贫弱的，但大臣们依旧兢兢业业地在朝中工作，忠勇的将士在沙场出生入死，这都是因为追念先帝的知遇之恩，想要全力报答给陛下您的缘故啊。希望您能够亲近忠臣，虚心听取他们的意见，这样才能复兴汉室，以告慰先帝的在天之灵。"

接着，诸葛亮又说："我本来只是一个普普通通的平民，在南阳耕种度日，只想在乱世中保全性命，并不想达通显贵，扬名天下。先帝不嫌弃我地位卑微，三次来茅庐见我，向我询问天下大事，我感激万分，这才答应为先帝效命奔走，至今已经二十一年了。先帝深知我性格谨慎，所以临终前将国家大事托付给我。我一定要拼尽全力，平定中原，实现先帝的遗志。"

这封言辞恳切、情感真挚的奏书就是流传千古的《出师表》。诸葛亮交代完朝中各项事务，就挥师北上。

蜀军到达汉中后，诸葛亮召集众将，商量怎么展开军事行动。老将魏延想效仿当年西汉大将韩信"明修栈道，暗度陈仓"的做

---

① 指刘备。
② 古时帝王死亡的讳称。

法，便提出"子午谷①奇谋"，他说："我听说关中守将夏侯楙是一个有勇无谋的家伙，根本不懂带兵打仗。请丞相给我五千精兵，我打算直接从褒中县②出发，沿着秦岭向东，到子午谷后折向北方，用不了十天工夫，就能直抵长安。夏侯楙听说我突然出现，一定会害怕得弃城逃走，这样我们就能轻而易举地拿下长安城，将城中的存粮用作军需。等到魏国朝廷反应过来，集结军队前来增援，起码要二十多天时间。而丞相您从斜谷③出来接应，完全可以到达关中。我们里应外合，就能一举平定咸阳以西的地区。"

诸葛亮想了好一会儿，才说："子午谷艰险难行，我们还是谨慎一点儿吧，从平坦的道路上出兵，这样既可以回避子午谷一带行军的不安全因素，又能稳稳当当地取得陇右地区。"最终，他没有采纳魏延的计策，而是表面大肆宣扬要从斜谷出兵夺取关中，暗中率大军进攻西北方向的祁山。

起初，魏国上下都认为自从刘备去世，蜀国好几年都没有什么动静，加上又忙于南征东吴，因此对蜀国不加防备，后来听说蜀军从斜谷出发，觉得还远着呢。等到诸葛亮率领大军突然挺进关中时，魏国人都傻眼了。陇右地区的好几个郡县都吓得归顺了诸葛亮，连天水名将姜维也前来投降。

诸葛亮认为姜维有胆有识，是凉州第一等人才，就对他委以重任。姜维感激诸葛亮的知遇之恩，决心追随他。

魏国朝廷大受震动，明帝曹睿亲自统领五万步骑兵迎击，并很快到达长安。他命令大将张郃监管军务，抵御诸葛亮的进攻。

诸葛亮听说张郃率军抵抗，便精心挑选魏军的必经之地——街

---

① 在今陕西长安南，北口有子午镇，是关中南通汉中的要道，也是三国时魏、蜀争夺的重要通道。
② 治所在今陕西汉中市西北。
③ 在今陕西眉县西南。

亭①作为前线的防御基点。街亭地势险要，易守难攻，是陇右和关中的交通枢纽。守住街亭，就能以此为据点，进一步兼并魏国的更多地区；如果守不住，蜀军的回国之路就可能被魏军切断。

街亭如此重要，派谁去阻击张郃呢？有人推荐老将魏延与吴懿，这两人都身经百战，在军中威望极高，由他们担任先锋，守住街亭应当不难。出乎意料的是，诸葛亮没有同意，他心中的理想人选是参军马谡。

马谡胸怀抱负，饱读兵书，在军事方面常常有不凡的见解，得到诸葛亮的器重。刘备却认为马谡夸夸其谈，临终前还叮嘱诸葛亮："马谡这个人哪，说话总是言过其实，千万不可以委以重任。您平时要对他多加考察。"但诸葛亮不以为然，执意任命马谡为参军，经常与他谈论军事。当初正是因为采纳了他的"攻心为上"的策略，南中地区的叛乱才得以彻底平定。

如果马谡能在街亭一战成名，将来就可以托付大任，诸葛亮这么一想，便任命马谡为先锋，让老将王平担任副将。

马谡意气风发，率领蜀军马不停蹄奔赴街亭。到达街亭后，马谡仔细察看地形，发现街亭位于山谷之中，两侧的山都很高大，其中南面一侧山势平缓，于是下令道："今晚就在南山上扎寨！"

王平军事经验丰富，觉得这样做违背常识，便劝道："出发前，丞相命令我们占据街亭要道，拼死堵住魏军。如果我们驻扎在南山上，远离要塞，到时候魏军来了，我们怎么阻拦呢？请马将军三思！"

马谡自负地说："驻扎在地势高的地方，可以将魏军的动向看得一清二楚，到时候冲下去将他们一网打尽。"

---

① 在今甘肃张家川西北。

王平苦劝道："驻扎在山上，远离水源，这是行军大忌。我觉得还是在山下的道口扎营，以逸待劳伏击张郃，才能取胜。"

马谡心想："连丞相都经常找我请教带兵打仗的事，你王平算老几？"便不耐烦地说："兵法上说：置之死地而后生，如果魏军真的切断水源，我军将士一定会拼命冲杀。你不必多说了，一切听我指挥。"

王平见马谡一意孤行，只好说："那就请分给我一千人马，驻扎在街亭西边，以便与你们呼应。"马谡不情愿地答应了。

很快，魏军就逼近街亭。一名探子向张郃报告："蜀军已经先到达了街亭。"

张郃忙问："负责领兵的是谁？"

"马谡。"

"马谡？"张郃身经百战，蜀国的名将他大多知道底细，可这个马谡却从来没有听说过。他不由得停下马，吩咐道："再去探探蜀军的动向！"

很快，探子又来报："蜀军已经在南山上扎好营寨了。"

"南山？"张郃先是一愣，接着大笑起来，"不扼守要道却上山扎营，想居高临下伏击我们，哈哈哈哈。"

魏军一到街亭，张郃就将南山围得水泄不通，但是只围不攻，另外又派出几支精锐部队，断绝蜀军下山取水的所有道路。

短时间内不喝水，还可以忍受，时间一长，那可真是要命，山上的蜀军将士个个叫苦连天，根本没心思打仗。马谡这才意识到自己犯了大错，只得硬着头皮冲下山去与张郃交战。

饥渴难耐的蜀军根本不是魏军的对手，很快就溃不成军。马谡又气又急，下令拼死突围。结果，蜀军将士冲锋了十几次，都被魏军挡了回来，很多人死在魏军的箭雨下。马谡在几百名亲兵的保护下杀出重围，向西逃去。

西边的营寨里，王平率领的一千多人把战鼓擂得震天响，好像有千军万马似的。张郃怀疑后面有伏兵，不敢杀过去，就退兵了。王平这才收拢各部残兵，返回汉中。

诸葛亮听说街亭失守，知道无法阻挡张郃的大军，也撤回到汉中，原本归顺了的几个郡县，又被魏军夺了回去。

回到汉中后，诸葛亮立刻找来马谡与王平，问清街亭失守的前因后果后，便责问马谡："你为什么违反军令，上山扎营？"马谡无言以对。

诸葛亮怒道："这次如果不治你的罪，只怕全军不服！"下令将马谡关进监狱，第二天问斩。

丞相长史蒋琬知道诸葛亮一向惜才，便劝道："现在天下还没有平定，正是需要人才的时候，您却要杀了马谡这样的智谋之士，心中难道不惋惜吗？"

诸葛亮流着眼泪说："春秋时期的大将孙武之所以能够制敌取胜，是因为他用法严明。马谡作为主将，指挥失当，导致街亭失守，按军法当斩。现在天下分裂，交战刚刚开始，如果废弃军法，怎么让将士们信服，又怎么能够讨伐曹贼呢？"

第二天，马谡被杀。诸葛亮亲自吊丧，痛哭流涕，又安抚马谡的子女，和往常一样善待他们。

为了做到赏罚分明，诸葛亮上书给刘禅，请求重赏并提拔王平，而他自己作为这次北伐的统帅，用人不当，导致街亭失守，因此请求贬降三级。于是，刘禅任命王平为参军，将诸葛亮降为右将军，仍兼管丞相的事务。

街亭失守，导致诸葛亮第一次北伐功败垂成。这次大败，给夷陵之战后大伤元气的蜀国又添沉重的打击。

言 过 其 实

实，实际。原指言语浮夸，超过实际才能。后也指话说得过分，超过了实际情况。

造　句：	我认为这种说法言过其实，不值得相信。
近义词：	夸大其词、夸夸其谈
反义词：	恰如其分、名副其实

---

① 这个故事的原文里还有成语"妄自菲薄"（菲薄，轻视。过分看轻自己）、"引喻失义"（指说话不恰当，不合道理）、"作奸犯科"（奸，坏事；科，法律条文。为非作歹，触犯法令）、"不求闻达"（不追求名誉和地位）、"深入不毛"（不毛，不生长庄稼的贫瘠土地。深入到荒凉的地方）。

〖 出其不意 〗

《资治通鉴·魏纪三》

逵曰："休兵败于外，路绝于内，进不能战，退不得还，安危之机，不及终日。贼以军无后继，故至此，今疾进，出其不意，此所谓'先人以夺其心'也，贼见吾兵必走。若待后军，贼已断险，兵虽多何益！"

译 文

贾逵说："曹休对外兵败，对内路绝，进不能战，退不能还，正处在生死存亡之际，恐怕支持不到天黑。敌军因为没有后续部队，所以只追到夹石，现在我们急速进军，趁对方没有意料到就采取行动，这就是所谓的'先声夺人，以挫伤敌人的士气'，敌兵看到我军来到，一定退走。假如我们等待后援，敌军已将险路切断，到那时，兵再多又有什么用呢！"

周鲂断发诱敌

秋风萧瑟中，魏国大司马曹休望着烟波浩渺的长江，不由得忧心忡忡。曹休是魏国的皇室宗族，又屡立战功，奉命长期屯驻在东南边境。可是，自打这一年入秋，东吴将士就时不时地前来骚扰，曹休想跨过长江去教训吴军，又苦于魏兵不熟悉水战，加上他还没摸清东吴方面的布防，一直不敢付诸行动。魏明帝几次写信来询问军情，曹休都不知道怎么回话，所以异常苦恼。

好在过了两天，曹休收到了一封信，给事情带来了转机。信是东吴的鄱阳太守周鲂（fáng）派人送来的。

周鲂在信中大吐苦水："我周鲂为国家立下汗马功劳，却一直遭到同事的排挤，真是气死人了！最近，吴王受了小人的挑唆，几次三番因为小事责备我。昨天，有人暗中向我透露，说吴王要降我的职，治我的罪。一旦下了大狱，只怕难逃一死。我听说魏国一向重用人才，对待归顺的将士非常友好，所以我想投奔你们。为了表明我的诚意，我将献上鄱阳郡，同时把军事布防机密告诉您。"

信的末尾，周鲂还把曹休大大地奉承了一番："您精通兵法，战功赫赫，受到魏国皇室倚重，我对您的仰慕之情如滔滔江水。我知道将军您侠肝义胆，重情重义，所以斗胆向您求助，希望您带兵到鄱阳对面的皖（wǎn）城①接应我！"

———————

① 治所在今安徽潜山北。

曹休读完信，脸上泛起久违的笑容。周鲂可是东吴的名将，很有奇谋。当年，盗贼彭绮起兵叛乱，带领数万人马攻陷鄱阳各个郡县，情势非常危急，周鲂挺身而出，很快就活捉彭绮，平定叛乱。如果周鲂归降，不但魏国可以兵不血刃得到鄱阳城，为将来攻取东吴做铺垫，明帝也会对自己加倍宠幸。于公于私，这都是一件好事，曹休美滋滋地想。

不过，这件事情来得太突然了，会不会有诈呢？曹休又警惕起来，叫来那名送信人，问道："最近你们鄱阳城发生什么事了啊？"

"唉，别提了，前几天吴王派了几拨官员进城，要追查我们周大人，说他犯了什么错。我看啊，那些官员是存心找茬，揪着一点儿小事查个没完没了。"

"哦？有这样的事啊！"曹休盯着送信人的眼睛。送信人坦然地迎着曹休的目光，继续说："是啊。追查的人走了以后，吴王问责的信一封接一封送来。周大人实在没办法，只好跑到城门下，当着大伙儿的面剪下自己的头发，向吴王叩头谢罪。"

古人讲究头发、皮肤都来自父母，不能轻易毁伤，周鲂当众剪发，看来真是受了委屈来投降。曹休不再有疑虑，赶紧报告魏明帝，请求到吴地去接应周鲂，要朝廷再派些人马增援。

明帝很想实现父亲曹丕统一全国的遗愿，时常为攻打东吴苦思冥想。接到曹休的报告后，他喜出望外，觉得事情总算往前推进了。为了确保万无一失，他派大将贾逵、司马懿各率一路大军前往东吴，从东西两侧与曹休的军队会合，接应周鲂。

到了接应周鲂的这天，天还没亮，曹休就亲自率领十万人马，沿着长江，顺利来到了石亭①。由于一路急行军，魏军将士有点儿疲

---

① 在今安徽潜山东北。

乏，曹休便下令就地休息，他自己却没闲着，爬上一座山头，仔细观察四周地势。

这一观察，把军事经验丰富的曹休吓出了一身冷汗。原来，石亭南边靠近长江，西边依傍高山，北边是湖泊，地形复杂多变，前进容易后退难，如果吴军在此伏击，只怕魏军要全军覆没。想到这里，曹休心中开始不安起来。

恰在此时，有探子来报："吴国的几拨人马正向我们杀来！"

曹休心一沉，暗暗叫苦："中计了！"

原来，这一切都是孙权设下的圈套，他早就想引魏军到地形复杂的皖城地区，来一场歼灭战。可是，怎么才能让一向机警的曹休乖乖来皖城呢？孙权与陆逊、全琮、周鲂商量了很久，最终确定采取诈降的办法。但派谁去诱敌呢？起初大家意见并不统一。

孙权对周鲂说："你悄悄去找一个名气大、魏军知道的山民首领，让他去引诱曹休。"

周鲂觉得不妥，说："山民首领的地位太低了，分量不够，曹休不会把他放在眼里。而且，临时找的山民首领不一定可靠，万一他泄露计划，我们就前功尽弃了！"

孙权便问："那派谁去合适？"

周鲂说："不如让我亲自出面，以鄱阳城为诱饵，引诱曹休！"孙权同意了。于是，周鲂在城门上演了一场断发的"苦肉计"。

就在曹休出发前往皖城时，孙权方面也做好了相应的部署，他亲自上阵指挥，让陆逊担任主帅，与朱桓、全琮各率三万人马秘密向石亭方向开进。

此时，曹休虽然明白中了计，可仍心存侥幸，认为自己带了十万人马，与吴军拼死一搏，或许可以赢得一线生机。所以，他命令魏军继续向前进发，谁知没走出多远，就听到漫山遍野响起了

"冲啊""杀啊"的喊声。原来，陆逊统率的东吴大军，正从不同方向扑向魏军。

曹休大惊，命令将士们全力迎战。可魏军人生地不熟，还没弄明白情况，就被东吴将士打得抱头鼠窜，扔下器械粮草，没命地往回跑。等魏军退到夹石[①]时，已经损失了一万多人、上万头牲畜和车辆，以及几乎全部的军资器械。

曹休悔恨不已，叹息道："想我曹休，一生征伐，一世英名，竟然栽在周鲂手里。"

部将劝道："将军不要太悲观，贾逵将军奉命在东线支援我们，离我们比较近，只要我们坚持住，就能等来他的援兵。"

曹休听了，苦笑一声，心想："贾逵与我关系一向不好，现在我面临灭顶之灾，谁知道他会不会赶来相救呢？况且，即便他愿意前来救援，只怕我也支撑不到那个时候了。"想到这里，他高声冲魏军将士喊道："今天我们恐怕凶多吉少！可就算死，也要死得像条汉子！"说完，带头冲向追上来的吴军。魏兵受了鼓舞，紧随其后。

就在双方激烈搏杀时，有人突然兴奋地叫起来："贾将军来了！"魏军将士顿时精神一振，他们知道贾逵赶来增援了。吴军见对方的援军仿佛从天而降，都惊恐万分，连忙后撤。魏军将士欢呼雀跃，庆幸逃过一劫。

曹休见了贾逵，心情非常复杂，过了好久才问："贾将军，按计划您应当从东边与我会合，怎么会到这儿来？"

贾逵淡淡一笑，说："我们打探到吴军并没有在东边设防，看了地图后，推断他们会在此埋伏，集中兵力对付您，所以我出发前就部署水陆两军同时前进！"

---

① 即北硖山。在今安徽桐城北。

曹休恍然大悟，又问："按您的行军速度，现在应当离这里至少还有一百里路，怎么这么快就赶到夹石？"

贾逵又笑了，说道："这事说来也是巧了！"

原来，贾逵的援军刚走出二百里，就在路上抓住了一个吴国人。经过一番逼问，那人说出曹休被吴军围攻，而且吴军正派军队前去阻断夹石的通道。贾逵的部将听了，建议就在原地等其他部队来了再行动。贾逵却摇头说："曹休现在进不能战，退不能还，正处在生死存亡的危急关头，恐怕支持不到天黑。敌军因为没有后续部队，所以只追到夹石，现在我们急速进军，出其不意，这就是所谓的'先声夺人，以挫伤敌人的士气'。敌兵看到我军来到，一定退走。假如我们等待后援，让敌军将险路切断，到那时，兵再多又有什么用呢！"于是加速行军，这才及时赶到夹石，救了曹休。

曹休羞愧万分，上书向明帝谢罪。明帝因为曹休是皇亲，没有追究他的责任。可是曹休连病带气，很快就死了。曹休一死，曹氏宗族里就没有能力出众的人了。这以后，魏国很长时间都没有大规模进攻东吴。

东吴打了这么大的胜仗，上上下下都开心极了，大家趁机劝孙权称帝。孙权早就有这个想法，之前因为忌惮魏国，所以一直甘当吴王，现在既然魏国无力吞并吴地，又有蜀国在一旁牵制，他也没有什么好怕的了，这个皇帝，他当定了。

公元229年，孙权正式称帝，国号为吴。孙权当了皇帝，就与魏、蜀两国的皇帝平起平坐了，他马上派使者向蜀汉后主刘禅通告，并提议彼此承认对方是皇帝。在诸葛亮的建议下，刘禅派出使者前往吴国，祝贺孙权登基，两国结盟，约定共同对抗魏国，将来平分天下。

成语学习

出 其 不 意

其，代词，对方；不意，没有料到。趁对方没有意料到就采取行动。

造　句：在抗日战争中，游击队经常采	
用地道战、地雷战，出其不意	
地袭击日军。	
近义词：出乎意料	
反义词：不出所料	

〖 夙兴夜寐 〗

《资治通鉴·魏纪四》

亮遣使者至懿军，懿问其寝食及事之烦简，不问戎事。使者对曰："诸葛公夙兴夜寐，罚二十以上，皆亲览焉；所啖食不至数升。"懿告人曰："诸葛孔明食少事烦，其能久乎！"

译 文

诸葛亮派遣的使者到了司马懿军中，司马懿向他询问诸葛亮的睡眠、饮食和处理事务多少，并不打听军事情况。使者以为他是关心诸葛亮，便答道："诸葛公早起晚睡，凡是二十杖以上的责罚，都要亲自审核；所吃的饭食不到几升。"使者走后，司马懿对左右说："诸葛孔明进食少而事务烦，他还能活多久呢！"

死诸葛吓走活仲达

三国之中，魏国的实力最强，吴国次之，蜀国最弱。诸葛亮心里清楚，益州太小了，无论怎么发展，都受限于一州之地，一旦魏国力量壮大，灭掉蜀国是迟早的事情。因此，他趁魏国在石亭打了败仗，元气大伤，几次北上伐魏，可都没有成功。诸葛亮仔细分析失败的原因，认为问题出在粮草供应上，于是他鼓励蜀地百姓发展农业生产，又制作了适合在山间运输的木牛、流马，还专门派人去斜谷，整修囤积物资的仓库，将粮草集存在那里。

经过三年的休养生息，蜀国的国力增强，诸葛亮便想再次北伐。由于长期操劳国事，诸葛亮的身体已经大不如前了，他担心如果错过这次北伐，恐怕到死都完成不了统一大业。于是，在蜀汉建兴十二年（公元234年）的春天，诸葛亮率领十万大军第五次北伐。为了分散魏国的兵力，他还让人送信给孙权，约定两国同时出兵。

很快，诸葛亮率军到达郿县，驻扎在渭水的南面。魏明帝得到报告，便命大将司马懿率领军队抵御诸葛亮。司马懿觉得渭水以南土地肥沃，粮草充足，适合打持久战，便让军队渡过渭水，沿河扎营。

这天，司马懿召集将领们开会，对大家说："如果诸葛亮大胆用兵，从武功县出兵，向东进发，会对长安造成很大的威胁，确实很可怕；如果他向西到五丈原①，慢慢地推进战争，我们就可以和他们耗了。"

果然不久，诸葛亮率军向西，驻扎在五丈原。魏军将领都很高兴，雍州刺史郭淮却担忧起来。郭淮曾经多次与诸葛亮交锋，深知他谋略过人，便对司马懿说："诸葛亮一向谨慎，肯定会争夺北原②，我们应当先占领它。"

几名魏将笑着说："太小心了吧？没必要这样做嘛。"

郭淮再三坚持说："如果诸葛亮跨过渭水登上北原，和北山连兵，断绝长安通往陇西的道路，当地百姓和羌人就会动荡不安，这对国家非常不利。"

经郭淮这么一提醒，司马懿立即意识到北原的重要性，便命郭淮带兵驻防在北原。果然，营垒还没有筑成，蜀军就已经到达。郭淮早有防备，率军从容击退蜀军，使诸葛亮失去从北原进军中原的可能。

但这次战事失利，对蜀军影响不大，因为五丈原是一个军事要地，控制着斜谷山道的北端，蜀军驻扎在这里，进可攻，退可守。而且，这时，吴国也遵守约定，分兵几路进攻魏国边境，不过却遭到魏将满宠的强烈抵御，最终被逼退。

魏国的大臣们都欢天喜地，认为明帝应当御驾西征，支援司马懿。明帝却说："现在孙权撤退，诸葛亮肯定吓破了胆，我相信司马懿足以对付诸葛亮。"然后给司马懿写了封信，叮嘱他："你一定要坚守营垒，以逸待劳，挫伤对方的士气，时间越长对我们越有利。等他们军粮吃完，必然会撤军。到那时再去追击，一定获胜。"

---

① 在今陕西岐山南。
② 在今陕西眉县的西北，渭河北岸。

司马懿原本就想打消耗战，接到明帝的信，便命令全军按兵不动。诸葛亮也知道，蜀军远道而来，虽说战前准备充分，但如果长期耗下去，肯定经受不住，所以多次派人出营挑战。可是，无论诸葛亮出什么招，司马懿就是不应战。两军在五丈原相持了一百多天。

这天，司马懿照常在营中读兵书，一名士兵进来报告说："诸葛亮派人给您送来了礼物！"

"哦？"司马懿略感意外。不一会儿，几名蜀兵抬上来一只五彩雕花的木箱。箱子一打开，魏军将领都面面相觑：里面装满了花花

绿绿的女人衣裳、耳环、珠花、脂粉。

为首的蜀兵大声说道："司马将军，我们丞相说您要是不敢出战，就穿上这些女人的衣裳，涂上脂粉，戴上珠环，回家当个千金小姐，千万别在战场上丢人现眼了！"

魏国将领都觉得受了奇耻大辱，个个气得青筋暴起，只听一人叫道："诸葛亮太过分了！"另一人则拔出佩刀，吼道："是可忍，孰不可忍，我们去和他们一决高下！"

司马懿知道诸葛亮想用激将法逼自己出战，可是这些将领不见得明白，如果他忍受羞辱，继续退让，恐怕有损士气。他略加思索，假装恼怒的样子，将衣裳丢在地上，狠狠地跺了几脚，对左右说："出发前，陛下再三交代，要我坚守阵地，不可以与蜀军交战。可是这诸葛亮欺人太甚，我怎么能甘心受这种侮辱，我恨不得马上踏平蜀营！不过，天子的命令不能违背。我马上写一份奏章，请求陛下批准我们出战！"

魏将们纷纷朝司马懿竖起大拇指，说："真是一个有血性的大丈夫，就应该这样！"

奏章送上去后，明帝心领神会，很快派大臣辛毗担任军师，拿着象征着皇权的符节前来，对司马懿说："陛下有旨，无论如何不许出战，违者军法处置！"

司马懿假装无奈地对众将士说："唉！我何尝不想出这口恶气呢，可是陛下不允许！"从那以后，不论魏军将士说什么，司马懿都以这个理由拒绝出战。

司马懿心中的那点儿小算盘，诸葛亮一清二楚，他笑着对姜维说："司马懿本来就不想跟我们打，这次向皇帝请求出战，不过是做样子给下面的将领们看。俗话说：'将在外，君命有所不受。'如果他真想和我们打，早就打了，又何必千里迢迢送奏章请示呢？他这样做，一是提振士气，二是向皇帝表示忠诚。这个司马懿，心机极深，不好对付啊！"

两军统帅的能力真是旗鼓相当，诸葛亮的用意，司马懿了解得一清二楚；司马懿的想法，诸葛亮也明明白白。两人都知道，这次遇上对手了，于是都格外小心。

随着时间的推移，蜀军的军粮越来越少，诸葛亮有点儿沉不住气了。这天，他派使者到司马懿那儿下战书，顺便探听一下魏军的虚实。

司马懿客客气气地接待使者，和他东拉西扯，就是不提打仗的事情，最后还亲切地和使者拉起了家常，问起诸葛亮的生活起居。使者以为他真的关心诸葛亮，便一五一十地作答。

司马懿关切地问："你们丞相一定很操劳，他最近吃饭怎么样啊？"

使者担忧地说："丞相每天都吃得很少，每餐不过小半碗。"

司马懿又问："啊，吃得这么少，那他睡得怎么样？"

"丞相夙兴夜寐，非常辛苦！"

"你们丞相每天要处理多少事务啊？"

"唉，不瞒您说，我们丞相事事操心。军中凡是二十杖以上的责罚，他都要亲自审核。"

使者回去后，司马懿抚须大笑，对左右说："诸葛孔明吃得少，睡得少，公务又多又烦心，他还能活多久呢？"

事情不幸被司马懿言中。由于长期操劳，诸葛亮终于累垮了，很快就一病不起。刘禅听说后，连忙派尚书李福前来慰问，同时询问他身后大事。

李福见诸葛亮已经病得骨瘦如柴，非常难过，安抚了很久，才小心地问："丞相百年之后，谁来接替您的工作？"

诸葛亮平静地说："蒋琬是合适的人选。"

李福又追问道："蒋琬之后，谁可继任呢？"

诸葛亮淡淡地说："费祎（yī）。"

李福又一次追问："费祎之后呢？"

诸葛亮大概是太累了，缓缓闭上眼睛，不再回答。李福又安慰了他一番，这才回去复命。

这年八月，诸葛亮在五丈原病逝，年仅五十四岁，给蜀国留下未完成的北伐事业，也留给后人"出师未捷身先死，长使英雄泪满襟①"的慨叹。

两军对峙，主帅亡故，处理不好可是会出大乱子的。负责善后的杨仪、费祎、姜维等人遵照诸葛亮的遗命，秘不发丧，整顿好军队后，就开始撤退。

司马懿得到消息，一边拍手，一边笑着对部将们说："诸葛亮一定是死了，我们赶紧追！"结果没追多远，就看到蜀军的后队。司马懿又乐了，刚要下令加速行军，却见姜维突然挥动战旗，指挥蜀军调转方向，擂响战鼓，扑向魏军。司马懿大吃一惊，暗道："难道诸葛亮诈死？"于是不敢往前追。

等到蜀军走远，司马懿前往蜀军的营垒仔细察看，才相信诸葛亮真的死了，不禁感叹道："诸葛孔明真是天下奇才啊！"他再次下令追赶蜀军，却没有追上。

原来，诸葛亮临终前料到司马懿会前来追赶，就和姜维、杨仪等人定下"欲退先攻"的计策，使蜀军顺利撤退。蜀军撤到斜谷后，

① 该诗出自唐代诗人杜甫的《蜀相》。

才公开为诸葛亮发丧。

　　当地老百姓为此编了一句谚语："死诸葛吓走活仲达。"司马懿听说后，脸上有点儿挂不住，自嘲道："我可以预料到诸葛亮活着时的事，不能料想到他死后的事啊。"

成 语 学 习①

夙 兴 夜 寐

夙，早；行，起来；寐，睡。早起晚睡。
形容十分勤劳。

造　句：小强的爸爸为了创业，夙兴夜寐，十分辛苦。	
近义词：起早贪黑、夜以继日	
反义词：饱食终日、游手好闲	

① 这个故事的原文里还有成语"鞠躬尽瘁，死而后已"（鞠躬，弯着身子，表示谨慎；尽瘁，竭尽劳苦；已，停止。指勤勤恳恳，竭尽心力，一直到死为止）。

〖 出类拔萃 〗

《资治通鉴·魏纪四》

时新丧元帅，远近危悚（sǒng），琬出类拔萃，处群僚之右，既无戚容，又无喜色，神守举止，有如平日，由是众望渐服。

译文

当时刚刚失去统帅，蜀国上下都惶惶不安。好在接替诸葛亮的蒋琬品德才能出众，处在百官之首，他脸上既没有悲戚的神情，也没有高兴的样子，神态举止，跟平常没有什么两样，于是逐渐赢得人心。

蒋琬做了接班人

　　除了接班人蒋琬，诸葛亮生前还非常器重军司马费祎，曾经多次派他出使吴国。

　　费祎初到吴国时，孙权有意刁难他，尽拣些不中听的话说，费祎却不卑不亢，据理力争，令孙权大为惊叹。后来，孙权让左右大臣灌醉费祎，等他醉得不成样子了，故意问各种军国大事，想看他出丑。

　　费祎却彬彬有礼地说："我有点儿醉了，先行告退。"回去后，他一一回想刚才在酒席上听到的问题，并详细地列出答案，没有一处失误。孙权看了后，非常欣赏费祎的才能，改变了对他的态度。

　　一天，孙权又设宴款待费祎。孙权喝得酩酊大醉，说话便没了顾忌，他大剌剌地问费祎："你们蜀国的杨仪、魏延都是小人，虽然凭着鸡鸣狗盗的本事立了一些功，得到诸葛丞相的重用，可将来一旦你们丞相不在了，恐怕会引发祸乱啊！"

　　正常情况下，孙权以一国之君的身份，又处于外交场合，断然不会说出这种失礼的话。费祎也明白，孙权有可能是半醉半醒，便小心翼翼地说："杨仪、魏延不和是因为私事，两人都没有谋逆之心。现在我们北伐魏国，正是需要人才的时候，用他们是丞相的权宜之计。打个比方说，总不能因为江上风浪大，就把船桨给丢了吧！"孙权听了，若有所思。

　　孙权口中的杨仪与魏延，都是深受诸葛亮重用的能人。杨仪是丞相长史，机灵干练，诸葛亮每次出兵，都由他负责调遣部队，筹备粮草，每件事情都办得又快又好。诸葛亮很爱惜杨仪的才华，便把军中的文职工作都交给他打理。

魏延则很有军事才能，长期驻守关中，是诸葛亮北伐的前锋大将。诸葛亮第一次北伐时，魏延就提出"子午谷奇谋"，要求分兵奇袭长安，虽然没被采纳，但给诸葛亮留下深刻印象。以后每次北伐，魏延总是请求说："丞相，请给我一万人马，让我前去引诱魏军，再与您的主力部队会合！"一向谨慎的诸葛亮觉得分散兵力风险太大，每次都不答应。魏延便常常在心中叹息："唉！丞相太胆小了！我的才能什么时候能够得到充分施展呀？"

杨仪才华出众，处理事务井井有条，魏延骁勇善战，是难得的武将，他们一文一武，本是诸葛亮北伐的左膀右臂，偏偏这两人是死对头。

魏延性格高傲，仗着在战场上立了不少功，说话做事有点儿不知天高地厚，将士们都知道他的性情，平时就有意让着他。只有杨仪不买魏延的账，还仗着诸葛亮的器重，经常与他针锋相对。魏延很恼怒，就想找一个机会吓唬吓唬杨仪。

有一次，两人话不投机吵了起来，杨仪伶牙俐齿，把魏延驳得哑口无言。魏延气得肺都要炸了，抄起大刀，指着杨仪，威胁说："你这个不知天高地厚的臭小子，竟敢口出狂言，我要宰了你！"杨仪吓得拔腿就跑，一边跑一边哭着找诸葛亮："丞相救我！"

这两人一向打打闹闹，众将士都是一副看热闹的心态，只有忠厚老实的费祎上来，挡在两人中间，苦劝道："好啦！丞相每天操心的事情还不够多吗？您二位闹够了没有？"诸葛亮听说后，只是暗暗叹惜。

一个国家如果文臣武将失和，容易酿成大祸，这个道理，连远在千里之外的孙权都明白，诸葛亮自然清楚，只是他深深地爱惜杨、魏二人的才华，无法偏袒任何一方。在五丈原病危时，诸葛亮又想到这对冤家，于是叫来杨仪与费祎，说："我只怕支撑不了多久了。我死后，你们要按我说的做。退军时，让魏延带兵殿后，阻击魏国的追兵。由姜维担任副将。"

杨仪听到魏延的名字就头痛，忧心忡忡地问："丞相，如果魏延不服从命令怎么办呢？"

"那就随他去，你们率领大军自行撤退！"诸葛亮似乎早就料到杨仪有这么一问，淡淡地答道。

诸葛亮去世后，杨仪让费祎去魏延的军营通知撤军一事。谁知魏延一听，立即拍着桌子，大声说："丞相虽然去世了，还有我魏延在！我要留下来，亲自统率各路大军击破贼军，怎么能因丞相之死而废弃统一天下的大事呢？"

费祎看着他，心想："丞相料事如神！魏延果然不愿撤军！"

魏延认为，诸葛亮去世后，他就是蜀军中级别最高的将领，理所当然是善后的负责人，现在竟然要听杨仪发号施令，真是太气人了！他对费祎说："再说了，我魏延是何等人，即便要撤退，我也不能听杨仪的号令，做一名断后的将军吧？"

"当年孙权说的祸患果然来了！"费祎看着气鼓鼓的魏延，不知道怎么接话。

魏延想着费祎在军中有威信，就打算扣留他，逼他替自己写攻击魏军的计划，签好名后，传令给各位将领。

费祎知道如果他不答应，就无法脱身，便和和气气地说："您说的计划我完全赞成，现在请允许我回去向杨仪解释。杨仪只是一个文官，没有什么军事经验，一定不会违抗您的意思。"

魏延觉得费祎说得合情合理，就同意了。费祎怕魏延反悔，出了营帐，便策马飞奔。果然，魏延很快就后悔了，上马去追，可费祎早已不见踪影。

魏延想来想去，觉得不踏实，又派人到杨仪那里打探动静，听说他们要按计划撤军，不由得勃然大怒。当天晚上，魏延抢在杨仪之前，率领部众南撤，并负气地将经过的栈道都烧掉。这个做法等于断了杨仪的后路，一旦魏军追击，蜀军可能全军覆没。

杨仪又惊又怒，对大家说："魏延烧毁栈道，断了大军的归路，这是存心谋逆啊！"他马上写奏章给后主刘禅，报告魏延谋逆。

魏延得知后，也不甘示弱，上表说杨仪谋反。同一天内，刘禅收到两份奏章，有点儿摸不着头脑，就问大臣董允、蒋琬的意见。二人都认为，杨仪只是一个文官，一向受到诸葛亮的重视，断然不会有谋反的心思，而魏延早就对诸葛亮多次拒绝他的计策感到不满，很有可能谋逆。

刘禅和大臣们还在讨论，杨仪与魏延已经打起来了。杨仪命令将士们砍伐山林、打通道路，日夜兼程往回撤。

魏延见杨仪跟上来了，就抢占南谷口，想借机杀了他，然后制造舆论，达到由自己代替诸葛亮位置的目的。他大声对将士们说："杨仪谋反，我们在这里迎击！"

杨仪也针锋相对，对众将士说："魏延谋反了，我们去杀了他！"他命大将王平率军攻击魏延。

王平来到阵前，叱责魏延的士兵："丞相尸骨未寒，你们怎么敢这样做！"这些将士都觉得魏延理亏，不愿意为他卖命，便四散逃走。魏延无奈，只得和儿子逃到汉中。杨仪命部将马岱领兵追杀，最终将魏延父子杀死。之后杨仪又诛灭了魏延的三族。

回到成都后，杨仪自以为撤军有功，又诛灭了叛逆的魏延，是诸葛亮当仁不让的接班人，于是天天盼着刘禅的任命。不料，等来等去，却等来了蒋琬被任命为接班人的消息。

当时刚刚失去统帅，蜀国上下惶惶不安，蒋琬各方面都表现得出类拔萃，不像其他官员，他既没有露出悲戚的神情，也没有表现出高兴的样子，神态举止跟平时一样，于是逐渐赢得人心。

杨仪觉得自己承担了繁重的军务，比蒋琬更有资历和才能，现在官职竟然在蒋琬之下，气得不行，经常骂骂咧咧，发泄心中的不满。朝臣们都怕惹上是非，不敢与他交往，只有费祎时常去看望他。

有一次，杨仪对费祎说起五丈原撤兵的情形，愤愤不平地说："丞相刚去世时，我如果带兵归顺魏国，怎么会落到今天这种地步呢，现在真是追悔莫及啊！"

这可是谋逆的话，费祎吓得脸都绿了，赶紧上前捂住杨仪的嘴。回家之后，费祎越想越不安，便将这些话秘密奏报朝廷。没过多久，杨仪就被免去官职，贬为平民，流放到了外地，可他仍然不知收敛，再次上书申辩，言辞激烈，态度强硬，朝廷于是下令逮捕杨仪。最后，走投无路的杨仪只好自杀。

这场由魏延与杨仪的私人恩怨导致的惨烈内斗，给蜀国造成了巨大损失，这是诸葛亮不曾预料到的。

成语学习①

出类拔萃

类，同类；拔，超出；萃，原为草丛生的样子，引申为聚集。超出同类之上。多指人的品德才能。

造　句：	这所学校培养了很多出类拔萃的人才，他们个个是国家的栋梁。
近义词：	鹤立鸡群、超群绝伦
反义词：	碌碌无为、滥竽充数

---

① 这个故事的原文里还有成语"势如水火"（形容双方就像水火一样互相对立，不能相容）。

〖 义形于色 〗

《资治通鉴·魏纪三》

　　昭每朝见，辞气壮厉，义形于色，曾以直言逆旨，中不进见。后汉使来，称汉德美，而群臣莫能屈，吴主叹曰："使张公在坐，彼不折则废，安复自夸乎！"

译文

　　张昭每次朝见，辞严气盛，脸上流露出伸张正义的神态，他曾经以直言冒犯旨意，以后就不肯来朝见。后来，蜀国使者来到吴国，一个劲儿地称赞蜀汉的美德，满朝文武都不能辩倒他。吴王叹息着说："假如张昭在这里，蜀国使者一见他不折服的样子，气焰就会收敛，怎么可能再自夸呢？"

两个牛人吵翻天

张昭，字子布，精通儒学，见解不凡，因为中原动乱，从老家彭城逃难到了江南。东吴的奠基人孙策听说后，就聘他为长史，把军政事务都交给他打理。张昭也不负所托，将吴地治理得井井有条，因此当地人称他为"仲父"。

由于张昭的名望高，北方的士大夫写信给孙策时，经常赞扬张昭。孙策就把这些信拿给张昭看。张昭心中不安，孙策就笑着安慰他："过去齐桓公把政务都交给管仲处理，所以他能称霸天下，今天我用了你这样才华出众的人，我不也和齐桓公一样吗！"

孙策临终时，指定弟弟孙权为接班人，由张昭、周瑜共同辅佐。起初，孙权对张昭相当敬重，事事都要向他讨主意。张昭也不负孙策所托，尽心尽力辅佐孙权，和周瑜一起在短时间内帮他稳定了江东的局面。可是，相处的时间一长，两人就有了矛盾。张昭身份高，性子直，说话不留半点儿情面，经常让孙权下不了台。

有一次，孙权在武昌钓台上请大臣们喝酒，大家都喝得摇摇晃晃。孙权让人把冷水洒在大臣身上，让他们清醒后继续喝，还说："今天我们喝个痛快，不醉倒在钓台上就不停杯！"张昭听了，立刻板着脸出去，坐在车子里一言不发。孙权连忙派人把他叫回来，说："哎呀，张公，大家在一起喝酒图个高兴嘛，您为什么这么生气？"张昭冷冷地说："以前商纣王设下酒池肉林宴请大臣，没日没夜地吃喝，当时他也觉得很快乐，没想过有什么不好。"孙权被呛得说不出话了，只好下令撤掉酒宴。

以后，张昭总是端着"帝师"的架子，严格要求孙权，每次朝见都是一脸正气之色，说起话来也是声色俱厉。孙权老这样被他管着，心里很不痛快。

称帝那天，孙权在大殿上接受文武百官的朝贺，张昭也举起笏（hù）板①，想歌功颂德。可没等他开口，孙权就冷嘲热讽起来："当初如果朕听了张公您的话，现在恐怕已经出去要饭喽！"

显然，孙权指的是赤壁之战时张昭劝他投降曹操一事。在周瑜、鲁肃的极力反对下，孙权才下定决心与曹操抗争到底，并最终取得胜利，为魏、蜀、吴三国鼎立的局势打下基础。所以，张昭一听这话，十分羞愧，伏在地上，汗流浃背。

这当然只是孙权的玩笑话，他做了皇帝，心情好得很，不想跟张昭计较。不过，等到吴国要设丞相时，孙权的计较劲儿就露出来了。当时，很多人都觉得丞相之位非张昭莫属，孙权却任用了孙劭。

有人问孙权原因，孙权说："现在正是多事之秋，职位越高，责任越大。张公年纪这么大了，我怕他当了丞相后太辛苦呀。"

几年后，孙劭去世，大臣们又推荐张昭当丞相。这一次，孙权却又选了顾雍，还对大家说："不是我不敬重张公呀。他这个人性格太刚烈，不够圆融，提的建议如果得不到批准，就怨天怨地，这对他没好处。"张昭一气之下，以年老多病为由辞职回家了。

没过多久，孙权就后悔了。原来，蜀国的使节来到吴国，把蜀国夸得天花乱坠，吴国的文武众臣没有一人能接话。孙权不由得想起一件往事：夷陵之战时，魏文帝曹丕派使者前来封孙权为吴王。孙权带着众人到宾馆迎候，使者进门时故意不下车，张昭就对他说：

---

① 古代朝会时臣子手里拿的狭长板子，也称手板，用玉、象牙或竹片制成，用来记事。

"您敢这么妄自尊大，是不是以为我们江南人少力弱，连一寸兵刃都没有！"使者见这个白胡子老头儿义形于色，吓得赶紧下了车。

想到这里，孙权叹息说："要是张公在就好了，他只要往那儿一站，蜀国使者就会收敛气焰，怎么还敢自夸呢？"

第二天，孙权就派使者去慰问张昭，请他出来见面。起初，双方客客气气，张昭离开席位请罪，孙权干脆直接跪下阻止他。于是，张昭大大咧咧地坐下，仰起头说："以前太后与桓王①不是把老臣托付给陛下，而是把陛下托付给老臣，所以我想竭尽所能报答厚恩。可是我见识肤浅，常常违背陛下您的旨意，那是因为我心里想的全是如何为国尽忠！如果要我学着说那些巴结奉承的话，我是万万做不到的。"孙权只得连连道歉。

自张昭回来上朝后，孙权与张昭都很克制，所以两人之间倒也相安无事。不料，很快发生的一件事让两人又吵翻天了。

原来，辽东郡太守公孙渊心怀不轨，打算背叛魏国，又害怕被魏国攻打，于是假意向吴国臣服，还殷勤地献上貂皮、良马等贡品。孙权喜不自禁，准备派张弥、许晏等大臣率领一万人马，携带无数金银财宝，乘船渡海前往辽东赏赐公孙渊，并封他为燕王。

满朝文武一听对公孙渊礼遇这么隆重，都表示反对。丞相顾雍劝道："公孙渊这种人反复无常，陛下不可轻信。即使要赏赐他，也不必给这么高的规格，派官兵护送他们的使者回去就够了。"孙权不听。顾雍无奈，只得看向张昭，希望他出来说句话。

张昭不客气地说："陛下，公孙渊背叛魏国，害怕被讨伐，所以才向我们臣服，并不是出自真心。如果他突然改变主意，重新向魏国表明忠心，那我们这次派出的使节就不能平安返回了。您这不是

---

① 孙权称帝后，追谥哥哥孙策为长沙桓王。

让天下人看笑话吗？"

孙权听了这番刺耳的话，马上沉下脸来反驳张昭。张昭越发固执己见，两人就这样你一句、我一句地在大殿上吵开了。最后，孙权忍无可忍，按着腰间的佩剑，怒气冲冲地说："吴国的士人进了宫就参拜我，出了宫则参拜张公您。我对您已经够敬重的了，但是您屡次在大庭广众之下顶撞我。这次您千万不要逼我！否则我担心会做出让自己后悔的事！"

众臣见孙权发怒，都心惊胆战地跪在地上，大气不敢出。张昭却毫不退让，又说："每次开口之前，我都知道陛下不会采纳我的建议，但每次都竭尽全力地劝谏，实在是因为当初太后与桓王都留下遗命，吩咐我要好好辅佐陛下。"说完，老泪纵横。

孙权听他说起母亲和哥哥，也伤感不已，"哐当"一声将宝剑扔在地上，与张昭相对哭泣。哭完了，孙权还是按原计划派张弥、许晏前往辽东。张昭愤愤不平，声称有病，不再上朝。

孙权火冒三丈，索性派人去把张家的门从外面封死，说："你既然不上朝，就不要出来了！"

张昭不甘示弱，让人用土从里面把门封死，气哼哼地说："我就老死家中好了。"

事实证明，张昭是对的。三个月后，吴国的使者到达辽东。公孙渊本来只是试探一下孙权的反应，没想到他这么看重自己，还大张旗鼓地派人前来，就犯起嘀咕来："魏国那边肯定会知道，如果他们打过来，吴国距离那么远，哪能出兵救我呢？"一番权衡后，他便杀了张弥、许晏，收编了一万吴国士兵，那些金银珠宝自然也进了他的腰包。这还不算，他还派人把张弥、许晏的人头送到魏国表明忠心。

孙权栽了这么大的一个跟斗，气得在大殿上咆哮："我今年六十了，什么事情没经历过，现在竟然被公孙渊这种鼠辈戏弄，我要是不能亲手砍掉他的脑袋扔进大海里喂鱼，我就没脸做这个皇帝了！"说完，就要点兵攻打辽东。

陆逊等大臣赶紧劝阻，说如果贸然出兵，路途遥远，粮草补给跟不上，还必须经过魏国的地盘，要是魏国趁机在背后来一刀，吴国哪里受得了？

这么一劝，孙权就冷静了，不再提发兵攻打辽东的事了。他想到当初直言相谏的张昭，非常愧疚，多次派人去慰问，向他道歉。张昭始终不理睬。孙权没办法，只好亲自来到张昭家门口，呼唤道："爱卿啊，朕看您来了！"

张昭闷声闷气地答道："我生着重病呢，不方便见客！"孙权苦笑了一下，继续轻声呼唤张昭。张昭干脆不吭声。

孙权心头一股无名火又直往上涌，大声说："朕都给你认错了！你还想怎么着！"他越想越气，下令用火烧张昭家的门，打算吓唬吓唬张昭。顿时，浓烟滚滚，火光冲天。张府上下惊慌失措，张昭却一动不动地躺在床上，说："烧死拉倒，就不出去！"

孙权怕出事，只好让人扑灭了火，自己站在张家门前静静地等候。张昭的儿子张承、张休实在看不过眼，便扶父亲起床，出来见孙权。孙权大喜，亲热地拉着张昭，请他坐上自己的车，将他带回宫，一路上又不断责备自己。张昭不得已，这才恢复了上朝。

成语学习①

义 形 于 色

义，正义；形，表现；色，面容。伸张正义的神态在脸上流露出来。

造　句：一说起抗日，这位爱国青年总是一副义形于色的样子。	
近义词：义正词严、义愤填膺	
反义词：理屈词穷、心怀叵测	

---

① 这个故事的原文里还有成语"雷霆之怒"（雷霆，霹雳。像霹雳一样的盛怒。形容愤怒到了极点）。

〖 所向无前 〗

《资治通鉴·魏纪六》

　　吴主曰:"善!"乃大勒兵谓渊使曰:"请俟(sì)后问,当从简书,必与弟同休戚。"又曰:"司马懿所向无前,深为弟忧之。"

译　文

　　孙权说:"好!"于是大规模地集结部队,并对公孙渊的使者说:"请回去等消息吧,我们遵从来信的吩咐,一定和公孙太守休戚与共!"顿了顿,他又对使者说:"请转告你们太守:司马懿打起仗来谁也抵挡不住,我深为老弟担忧啊。"

司马懿的巅峰之战

魏明帝听说孙权君臣为了辽东的公孙渊吵得不可开交，不禁感到好笑。不过笑归笑，明帝头脑还是清醒的，他知道公孙家族不好对付。

当初，辽东太守公孙度趁着中原大乱，悄悄壮大势力，成为名副其实的辽东王。曹操平定北方后，又忙于南下对付孙权与刘备，就默许公孙家族占据辽东。到了公孙度的儿子公孙康当辽东太守时，更是开疆拓土，实力一度达到了鼎盛。公孙康死后，由于他的儿子公孙晃与公孙渊年纪还小，众人便拥立公孙康的弟弟公孙恭当了辽东太守。多年以后，已经长大成人的公孙渊逼迫公孙恭退位，自立为辽东太守，并向魏明帝上书报告此事。当时，明帝即位不久，面对的国内外矛盾比较多，分不出精力对付公孙渊，就封他为辽东太守。

哪知公孙渊怀有二心，得到魏国的封赏后又多次与吴国联系。明帝察觉到公孙渊的不轨之心后，就派兵从海道和陆路同时进军，讨伐公孙渊，结果无功而返。公孙渊怕魏国再来攻打，就派使者向吴国称臣，最终导致孙权和张昭为此吵翻了天。

没过多久，公孙渊给魏国送来"厚礼"——吴国大臣张弥、许晏的人头，明帝冷笑道："公孙渊啊公孙渊，算你识相！"不过转念一想，公孙渊今天能这样对待吴国，说不定明天会以同样的手段对付魏国。为了稳住公孙渊，明帝封他为大司马，并经常派使者前往辽东慰问，顺便打探虚实。

有一次，魏国使团来到辽东，公孙渊事先得到消息，说使团里有一个叫左骏伯的人，力大无穷，不像是普通人。他怀疑此人是魏国安插在使团里的刺客，就带领士兵包围了魏国使者居住的驿馆，他自己则过了很久才出来拜见使者，态度十分傲慢，甚至恶语相向。

使者将情况报告给魏国朝廷，明帝非常生气，派幽州刺史毌（guàn）丘俭征召公孙渊入朝。公孙渊听到风声，立刻发兵阻击毌丘俭。双方展开激战。当时连着十几天下大雨，辽河水位暴涨，毌丘俭见形势不利，便主动退兵。

公孙渊连打胜仗，越发狂妄起来，干脆自立为燕王，还唆使少数民族侵扰魏国边境。明帝十分愤怒，把大将军司马懿召回京城，商量出兵讨伐辽东。

明帝问司马懿："这次您带四万兵马去打公孙渊，他有三种对策可选：放弃城池，赶紧逃跑，这是上策；死守辽东，抗拒我军，这是中策；如果他死守襄平①，肯定被我们活捉，这是下策。您认为他会采用哪一种？"

司马懿不假思索地说："我听说公孙渊不是什么聪明人，他一定认为我们孤军远征，想要速战速决，所以可能先在辽水②抗拒，再退守襄平。"

明帝点点头，又问："您这次出兵，往返需要多少天？"

司马懿迅速估算了一下，回答说："进军一百天，攻战一百天，返回一百天，中间还要六十天休整，算下来，一年时间足够了。"

曹魏景初二年（公元238年）春天，司马懿率军远征辽东。公孙渊听到消息，一边做迎击魏军的准备，一边向吴国称臣，希望孙

---

① 治所在今辽宁辽阳市老城。
② 又名小辽水，即今辽宁东部辽河支流浑河。

权发兵援救。

孙权看到公孙渊的使者，气都不打一处来，骂道："无耻公孙渊，骗了我一次，还想骗第二次，以为我傻吗？我先宰了使者再说！"

大臣羊衜（dào）赶忙劝道："万万不可。您这样只能发泄一时之气，却会破坏称霸大计。不如好好招待使者，暗中派奇兵前往辽东，胁迫公孙渊投降。如果魏军讨伐不能取胜，那么吴国也能得到一个千里救难的美名；如果魏军与公孙渊打得难解难分，我们就趁乱抢掠，也算报仇雪耻。"

孙权觉得有道理，便大规模地集结部队，并告诉公孙渊的使者："请回去等消息吧，我们一定和公孙太守休戚与共！"顿了顿，他又对使者说："请转告你们太守：司马懿打起仗来所向无前，我深为老弟担忧啊。"

公孙渊早就听说司马懿不好对付，连大名鼎鼎的诸葛亮在他手上也没讨到便宜，便不敢大意，积极备战。听说魏军快到辽东了，公孙渊就命大将军卑衍率领几万人迎敌。卑衍带着军队驻扎在辽隧①，命人沿着城挖掘了二十里长的战壕，又下令紧闭城门。

魏军将领见城里好几天都没有动静，按捺不住要攻城。司马懿捋了捋胡须，胸有成竹地说："卑衍死守城池不出来，就是想拖住我们。如果我们现在去攻打，正合他的心意。他的主力都集中在这里，那么老巢襄平一定防守空虚，我们去打那里，一定能轻松拿下。"于是命魏军将士打出许多战旗，装作要向南方进兵的样子。

卑衍信以为真，连夜拔营向南防御。司马懿见他上当，下令调转军队，偷偷渡过辽河，向北边的襄平扑去。卑衍这才知道上了当，

---

① 治所在今辽宁海城市西北高坨子附近。

也调转方向赶往襄平，结果半路上遭到魏军的伏击。拼死搏杀后，卑衍带着剩下的人马进入襄平城内。

到了七月，当地开始下大雨，一连下了一个多月，辽河水位暴涨，平地上的积水都没过了膝盖。魏军将士大多是旱鸭子，便商量说："这样下去我们会没命的，还是将营地迁到地势高一点儿的地方。"

司马懿听到这些议论，传令军中："有谁敢说迁营的，斩！"魏将张静不听，执意把营地迁到高处，立即被司马懿斩杀，军心这才安定下来。

襄平城被围困多日，城中的粮草眼看就要吃完了，城内的居民见魏军被洪水困住，便试探着出城砍柴、放牧。

几名魏兵想上去抓他们，却被司马懿制止。将士不解，司马懿呵呵一笑，说："自从来到辽东，我担心的不是敌人进攻，而是他们逃跑。现在敌人的粮食就要吃完了，可是我们围城的工事还没有完全修好，如果这个时候采取行动，等于逼他们逃走。"于是魏军故意示弱，让城内的人以为魏军拿他们没办法。城内的人信以为真，就不再提防了，每天随意进出。

又过了一段时间，雨终于停了。司马懿随即命令各路魏军合拢，对襄平城形成一个包围圈，然后让将士们用橹车、钩梯、冲车、弓弩，向城内发起猛攻。顷刻间，利箭与石头密集如雨，飞入城中各个角落，被射中或砸中的士兵痛得哭爹喊娘。恰好这时城中的粮食也吃完了，开始出现人吃人的惨象，接连几天，死了很多人。有些部将熬不下去，便向魏军投降了。

起初，公孙渊还盼着吴国军队支援，可左等右等都不见，这才明白自己被孙权忽悠了。眼看襄平城守不住了，公孙渊就想诈降，派了两名使者前去对司马懿说："只要将军您下令退兵，我家大王一定自己绑着臂膀前来投降。"

司马懿一眼就看穿了公孙渊的鬼把戏，不由分说将两名使者斩了，然后派人给公孙渊送去一份檄文，上面说："当初，郑、楚两国地位相等，郑伯兵败投降时，还肉袒牵羊，出城迎接楚军。我代表天子前来讨伐你，这两个糊涂蛋竟然要求我退兵，真是太不懂事了。他们已经被我杀掉。你如果还想请降，就再派一个会办事的人来谈。"

公孙渊知道司马懿不相信自己，又派了能说会道的侍中卫演去谈。卫演见司马懿虽然胡须花白，但目光犀利，仿佛能看穿一切，不禁有些胆怯，小心翼翼地对司马懿说："我家大王诚心归降，请将军您指定日期，到时候我们会送人质过来。"

司马懿大声说："带兵打仗，能打就打，不能打就要坚守，不能坚守就想办法逃跑，如果以上都做不到，那就只剩下两条路：投降或者死。公孙渊既然不肯把自己绑了来投降，说明他决心去死。人质，就不必送了！"说完，下令发起总攻。

魏军立即如潮水般冲向城门，在一阵阵喊杀声中，饥饿窘迫的守城将士纷纷倒下，鲜血染红了襄平城。

公孙渊知道大势已去，便带了几百名骑兵从东南方向突围逃走，结果被追上来的魏兵杀死。司马懿顺利占领襄平城，把来不及逃走的七千多名官吏、士兵、平民全部斩杀。接着，魏军又平定了辽东各郡。

这年年底，司马懿下令班师回朝，他掐指一算，大概第二年春天可以回到京城，正好是他与明帝约定的期限。

成语学习 ①

所 向 无 前

军队所指向的地方，谁也阻挡不住。也作"所向无敌"。

造　句：	三国时的关羽和张飞都是不可
	多得的猛将，在战场上所向
	无前。
近义词：	望风披靡
反义词：	屡战屡败

---

① 这个故事的原文里还有成语"肉袒牵羊"（脱去上衣，裸露身体，牵着羊犒劳军队。古代战败投降的仪式）、"临危制变"（面临危难时紧急应变）。

〖 厝火积薪 〗

《资治通鉴·魏纪五》

中书侍郎东莱王基上疏曰:"昔汉有天下,至孝文时唯有同姓诸侯,而贾谊忧之曰:'置火积薪之下而寝其上,因谓之安。'今寇贼未殄,猛将拥兵,检之则无以应敌,久之则难以遗后,当盛明之世,不务以除患,若子孙不竞,社稷之忧也。使贾谊复起,必深切于曩(nǎng)时矣。"

译 文

中书侍郎、东莱人王基上疏说:"从前汉朝取得天下,到文帝时只有同姓诸侯,可是贾谊仍然忧虑地说:'把火苗放在柴堆下面而自己睡在上面,还认为是安全的。'现在贼寇未灭,猛将拥兵自重,约束他们则无法应付敌人,纵容下去时间长了又难以交代给子孙。现在正值国家盛明,如果不全力除害,万一将来子孙不强,必定成为国家的忧患。假使贾谊复活,看到现在的状况,一定比从前感受更加深切。"

馅饼砸中曹爽

景初三年（公元239年）初春的一天，病了很久的魏明帝听说司马懿在辽东打了胜仗，马上要回来了，便挣扎着起来，在侍从的搀扶下，缓缓走到新建的九龙殿前。他抚摸着彩缎包裹的井栏，看着泉水从玉雕蟾蜍的口中流入，再从玉雕神龙的口中吐出，水车在水力的作用下，"吱呀吱呀"地转个不停，旁边玉砌的护栏在阳光下晶莹光洁。明帝深呼吸，舒舒服服地吐了一口气，眼前的一切都很美好，只是属于他的日子不多了。

说起来，明帝才三十六岁，只当了十几年皇帝。虽然在写诗作文方面他比祖父曹操、父亲曹丕差远了，但治理国家的水平还是可以和他们相提并论的。刚登基那会儿，孙权进攻江夏，当时大臣们都惊慌失措，要求发兵救援，他却冷静地分析形势，调兵遣将，很快就把孙权逼退了。之后几年，蜀国的诸葛亮动不动就出兵攻打魏国，有时还叫上孙权一起帮忙，明帝也不怯阵，重用司马懿等大将，霸气地抵御了蜀国的多次进犯。诸葛亮死后，他的接班人蒋琬主张让军民休养生息，蜀国就没有再大举出兵。吴国那边，孙权也渐渐老了，在打仗方面似乎消停了一些。于是，明帝紧绷的神经就松懈下来，决定好好享受生活。

明帝喜欢大兴土木，先后命人建造了许昌宫、洛阳宫、昭阳太极殿，以及高十余丈的大宫殿——总章观。为了建这些宫殿，明帝不停地向全国征调劳役，少则几万人，多的时候达十几万，一度弄得地里的农活都没有人干了。

很多大臣见明帝这样劳民伤财，纷纷劝谏。司空陈群就说："国家刚刚经历战乱，百废待兴，边疆也还在打仗，将士们又苦又累，如果再出现天灾，老百姓的日子就过不下去了。现在朝廷不管百姓死活，大批征调民力，这关系到国家的生死存亡。"

中书侍郎、东莱人王基也上书说："现在劳役辛苦，不少夫妻分离，大家牢骚满腹，希望陛下能够多为百姓考虑，减省劳役。汉文帝时，只有同姓诸侯，贾谊还担忧地说：'把火苗放在柴堆下面，而自己睡在上面，还自以为平安。'现在贼寇没有消灭，猛将又拥兵自重，假使贾谊复活，看到此情此景，一定比从前感受更加深切。"

然而，无论大臣们怎么苦口婆心地劝谏，明帝就是听不进去。他最关心的是工程进展，每天催个不停，有几次还因为嫌工程进度太慢，杀了几名负责监工的官员。

除了大兴土木，修建宫殿，明帝还沉迷于美色。他的后宫里，自贵人以下到宫女就有一千多人，明帝还从中挑选了六名识字的当女尚书，让她们批阅没经过尚书省审查的朝臣奏章，如果觉得恰当，她们可以直接批准。而且，这些女官享受的待遇与文武百官差不多。

大臣高柔觉得这简直是把国家大事当儿戏，就对明帝说："我私下听说，后宫人数庞大，陛下您的子嗣不够兴旺，大概就是这个原因吧。我认为可以留下少量贤淑美女，其余的全部遣送回家，陛下专心静养一段时间，相信很快就会多子多孙的。"

明帝没有亲生儿子，心里一直有疙瘩，高柔的话挺狠的，句句戳中他的心病。好在明帝虽然听不进劝谏，倒也能包容这些大臣。

由于过度沉迷于享乐，明帝的身体很快就垮了，司马懿还在辽东时，他就已经病得起不来了。这天，他听说司马懿要回来，才振作精神到九龙殿前走一走。

这时，一阵寒风吹来，明帝不由得打了一个冷战，赶紧离开九龙殿。一回到寝宫，他将最宠信的大臣刘放和孙资叫进来，说："你们俩跟了我这么久，每当国家有大事，你们都参与决断。我的日子恐怕不多了……"刘、孙二人听到这话，伤心地流起泪来。

明帝顿了顿，说道："燕王曹宇从小就和我要好，人又老实可靠，就让他担任顾命大臣吧。"刘放、孙资连连点头。

明帝想了想，又补充说："另外几位皇室宗亲：夏侯献、曹爽、曹肇、秦朗，从他们的祖上开始，就对曹家忠心耿耿，立下汗马功劳，让他们与燕王一起辅政吧！"

听到"夏侯献、曹肇"两人的名字，刘放和孙资都愣了一下。原来，刘放和孙资曾经当过曹操的秘书郎，很受重用。明帝即位后，对他们也很宠信，长期让他们掌管国家机要。夏侯献、曹肇觉得他俩是小人得志，平时很看不惯他们。一天，有一只鸡不知怎么就飞到树上，落在枝头久久不动。夏侯献看了看刘放、孙资，意味深长地对曹肇说："这也太久了吧，看他还能活几天！"曹肇大声说："放心，不会太久了！"刘放、孙资听出他们话里有话，从此心生嫌隙。

"夏侯献、曹肇和我们不对付，如果让他们做了辅政大臣，那我们就要倒霉了。"刘放和孙资对视了一眼，决定想办法阻止此事。

曹宇和曹爽最先被明帝召进宫来。曹宇为人忠厚老实，不想卷入权力旋涡，就推辞说："辅政大臣这样的重任，一定要找一个有德有才的人来担当。我能力有限，还是请陛下另选高明吧。"

明帝既失望，也无奈。等曹宇出去后，明帝对刘放、孙资说："这个曹宇到底怎么回事？当辅政大臣，别人求之不得，他却推三阻四的！你们说，这是曹宇的真实想法吗？"

刘放、孙资像商量好似的，齐声答道："燕王有自知之明，所以才诚心推辞的。"

明帝这才稍稍释怀。曹宇既然不行，只能另选他人了，于是问道："你们觉得谁可以做这个辅政大臣？"

当时曹爽还没有离开，站在明帝身边。曹爽平时与刘放、孙资的关系不好也不坏，但在众多皇室宗亲中，曹爽倒没做过为难他们俩的事情。刘、孙二人就顺势推荐了他，说："武卫将军曹爽忠诚可靠，是最合适的人选。"因为害怕明帝察觉出自己的私心，他俩又补了一句："司马懿是先帝留下的顾命大臣，能力出众，威望也高，应当召他回来共同商议此事。"

明帝点点头，转头看着曹爽，问："让你当辅政大臣行不行啊？"

曹爽才智平庸，从没想过这么重大的事情会落到自己头上，紧张得满脸通红，半天说不出一句话来。

"真是个窝囊废！"刘放暗骂了一声，悄悄地踩了他一脚，俯在他耳边说道："快对陛下说你一定以死效命。"

曹爽这才反应过来，结结巴巴地说："臣……臣曹爽，定以死效命。"

明帝的思绪似乎飘得很远，根本没有留意到这些细节，听到曹爽表忠心，他虚弱地笑了笑，说："那就让曹爽、司马懿当辅政大臣吧。"于是写下任命诏书。

诏书刚送走，明帝又反悔了："这些年，没看出曹爽有什么能力啊，不行，不能让他做辅政大臣。"想到这里，明帝下令停止先前的任命。

刘放、孙资慌了，在明帝耳边左一句、右一句地游说，说曹爽如何忠诚可靠，值得托付。明帝于是再次听从他们的意见。

刘放担心夜长梦多，便说："您最好亲自写一封诏书。"

明帝无力地倚在床上，喘着气说："我太累了，写不动啊。"

刘放假装体贴地说："没关系，陛下，臣帮您。"说完，他向孙资使了一个眼色，然后迅速爬上床，握着明帝的手，在绢布上一笔一画地写下任命诏书。

这下总算放心了！刘放欣喜若狂，马上拿着诏书出宫宣布："皇上有旨，免去燕王曹宇等人的官职，速速离宫，不得逗留。由曹爽、司马懿担任辅政大臣。"

消息来得太突然，大臣们都惊呆了，曹宇等人哭着离开皇宫，曹爽则被任命为大将军。

当天下午，明帝略微清醒了一点儿，意识到曹爽才能不足。可是，经过多年的打压，曹氏宗族里已经没有能挑大梁的人了，他只好任命尚书孙礼当曹爽的助手。做完这些，明帝静静地躺在床上，等待司马懿到来。

司马懿接到诏书，一路快马加鞭，一口气跑了四百多里，终于在次日早晨赶回洛阳。

此时，明帝已经奄奄一息，他吃力地拉着司马懿的手，说："现在我把后事托付给您了。您要和曹爽一起辅佐我的儿子。"说着，他指了指养子曹芳。

明帝又对曹芳说："快拜见大将军！"还教曹芳上前抱住司马懿的脖颈，以示亲近。曹芳年仅八岁，一派天真无邪，听了明帝的话，跑上前去，踮起脚尖，环抱着司马懿的脖颈，将自己的小脸贴在他的脸颊上，轻轻叫道："大将军！"司马懿侧头看了看曹芳稚嫩的脸，哭得稀里哗啦。

明帝蜡黄的脸上露出一丝宽慰的笑容，他动情地对司马懿说："我强撑着不死，就是为了等您回来，现在终于见到您，我死也没有遗憾了。"接着，他又指着曹芳，叮嘱道："就是他了，您看仔细了，不要错了！"

司马懿连连点头，他已经感动得说不出话了。成为顾命大臣，是一种荣耀，当年司马懿被文帝曹丕托孤，如今又被明帝曹睿托孤，能得到几代皇帝的信任，他觉得这些年万里征战，出生入死，都是值得的。

当天，明帝就驾崩了。太子曹芳即位，曹爽、司马懿开始共同辅政。

成语学习

厝 火 积 薪

厝（cuò），放置；薪，柴草。把火放到柴堆下面。比喻潜伏着很大危险。

造　句：	如果你经不住金钱的诱惑，去
	干一些违法的勾当，那跟厝火
	积薪有什么区别？
近义词：	危在旦夕、危如累卵
反义词：	防患未然、曲突徙薪

【 趋时附势 】

《资治通鉴·魏纪六》

初，并州刺史东平毕轨及邓飏（yáng）、李胜、何晏、丁谧皆有才名，而急于富贵，趋时附势，明帝恶其浮华，皆抑而不用。曹爽素与亲善，及辅政，骤加引擢，以为腹心。

译 文

最初，并州刺史、东平人毕轨，和邓飏、李胜、何晏、丁谧这几个人都有才名，但是急于谋取富贵，迎合时尚，依附权势，明帝厌恶他们虚浮不实，都加以抑制而不录用。曹爽一向与他们亲近友好，等到当了辅政大臣，马上引荐提拔，成为心腹。

司马懿装病夺权

由于皇帝曹芳年纪太小，司马懿、曹爽就各自带着三千人轮流在宫内值班。一开始，曹爽觉得司马懿年纪大、功劳高，所以对他恭恭敬敬的，什么事情都要先征求他的意见，两人团结一心，为魏国办了不少好事。后来，他们的关系渐渐有了裂痕，而问题出在曹爽结交的那帮朋友身上。

魏明帝在位时，社会上流行起一股"玄学"之风，并州刺史毕轨和邓飏、李胜、何晏、丁谧等人都很有才名，喜欢读老子、庄子的书，向往虚无缥缈的东西，很多读书人把他们当偶像来效仿，但这几个人却趋时附势，汲汲营营。明帝很看不惯这些华而不实的人，特别叮嘱吏部尚书卢毓（yù）说："选拔人才的时候，不要听说名气大就录用。名声就像地上画的饼，看看可以，能当饭吃吗？"所以明帝在世时，这些人都没有得到重用。可是，曹爽一直和他们关系亲近，等到自己成了辅政大臣，就让他们都当了官。

曹爽尤其欣赏何晏与丁谧，经常邀请他们一起喝酒聊天。何晏是东汉名臣何进的孙子，长相俊美，搽脸的白粉从不离手，走路时也顾影自怜，平时自命不凡，说起话来滔滔不绝。丁谧也擅长清谈，总是把曹爽说得一愣一愣的。

有一次，曹爽说起和司马懿一起辅政的事，丁谧不以为然地说："您干吗什么都听司马懿的？权力怎么可以分给外人呢？"何晏也在一旁附和。

曹爽觉得他们说得有道理，便问："那我怎么才能把权力都收到自己手中呢？"

丁谧脑子转得飞快，马上给曹爽支了一招，说："您上书请求任命司马懿为太傅。"

曹爽一愣："啊？那不是给他升官吗？"

何晏笑道："太傅地位的确更高，却没有什么实权。这一招叫作明升暗降。"

曹爽大喜，马上向小皇帝上书，说司马懿立了大功劳，如今年纪大了，应加封为太傅。曹芳还是个孩子，哪里懂得那么多，当然是曹爽说怎样就怎样。司马懿明白曹爽想排挤自己，但他不想影响朝政，决心忍一忍。

从那以后，曹爽表面上对司马懿恭恭敬敬，但不再像以前那样凡事都商量着办了，他提拔何晏为吏部尚书，对丁谧、邓飏等人也大加封赏。

有了曹爽当靠山，何晏就专门提携那些讨好自己的人，将不听话的人降职或罢免。明帝临终前为曹爽指定的助手孙礼看不惯何晏的做派，耿直地批评这种歪风邪气，曹爽就把他贬为扬州刺史，赶出了京城。如此一来，大臣们都不敢违背曹爽等人的意思了。

司马懿开始还规劝几句，后来见曹爽爱搭不理的样子，索性不说了。这一年，恰逢吴国大将全琮、朱然、诸葛瑾和诸葛恪兵分四路攻打魏国。虽然全琮的军队被魏军击败，但朱然的大军却将樊城围困了一个多月，司马懿便主动请求率兵解救。吴军听说能征善战的司马懿亲自来了，吓得连夜逃走。

司马懿班师回朝后，个人威望更高了。曹爽从没立过军功，感到前所未有的压力。邓飏、李胜就给他出了个主意，说："想树立威名，就要建立战功。蜀国比较弱，您不如去攻打蜀国。"曹爽想想有道理，就打算出兵。司马懿听说后，连忙劝阻，可哪里劝得住。

魏国正始五年（公元 244 年）三月，曹爽率领十多万人马伐蜀，却在兴势①遭到蜀将王平的顽强抵抗，双方相持不下。由于交通不便，魏军的军粮很快就供应不上了，而这时蜀国的大司马蒋琬、大将军费祎先后率领增援部队抵达汉中。

参军杨伟觉得情况不妙，建议撤军，邓飏、李胜却强烈反对，还当着曹爽的面与杨伟吵了起来。曹爽犹豫不决：就这样撤军吧，多丢人啊；不撤吧，难道要耗死在这里？正在这时，司马懿叫人送来了一封信，信上说："现在的形势对我们不利。如果全军覆灭，您考虑过后果吗？"曹爽这才同意撤军，结果在撤退的路上遭到蜀军的截击，魏军伤亡惨重。

这次出征蜀国，曹爽不仅没有立下战功，还沦为笑柄，但他好像没受到影响，回朝后继续独揽大权，广泛提拔亲戚党羽，把朝政搞得更加乌烟瘴气。司马懿没有实权，许多事情都做不了主，干脆称病不上朝了。

曹爽心里别提多高兴了，又有点儿怀疑，就派心腹去打探虚实。结果，心腹回来报告说："司马懿病得不轻呢！"曹爽这才放心，觉得自己的地位稳如泰山，从此变得骄奢无度，穿的衣服、吃的饭食与皇帝一样，家里摆满了宫中的珍宝。这还不够，他竟然私自把宫女带回家做歌妓，还命人在地下建造豪华的宫室，与何晏等人在里面饮酒作乐。在城里玩够、闹够了，他就约上兄弟、朋友出城游玩，有时一去就是好几天。

大司农桓范看在眼里，急在心里。桓范与曹爽是同乡，曹爽对他非常好。桓范出于感恩，经常替曹爽出谋划策，不止一次地劝他

---

① 今陕西洋县东北。

说："您手握大权，又掌管京城的禁军，怎么能随随便便出城呢？再说，你们兄弟几个同时出城，万一有人关闭城门，不让你们进来怎么办？"

曹爽眼珠一瞪，嘴一撇，横声横气地说："哼，谁敢这样！"不过，他嘴上这样说，心里还是放心不下在家养病的司马懿："这老头儿病了这么久，也不知道现在怎么样了？要是他突然使坏，那就不得了了。"刚巧李胜要回老家荆州做刺史，临走前，打算去司马懿府中辞行，曹爽就让他顺便观察司马懿的情况。

李胜来到司马懿府中，见他歪在病床上，瘦得皮包骨头，就上前行了礼。司马懿无力地朝他点点头，想披上衣服坐起来。一旁的婢女将衣服递上，司马懿伸出手去接，手颤颤悠悠的，没接住，衣服滑落在地上。婢女赶紧拾起来，给司马懿披上。

司马懿费力地咳了几下，喉咙里发出"咯咯咯"的响声，接着又大口大口地喘气，说："渴……口渴！"婢女端来一碗粥汤，刚端到司马懿面前，他就低头去够，不知道是因为着急还是无力，竟然整个脸伏在碗中。等他抬起头来，脸颊、鼻子、胡须上都沾满了粥汤，汤水顺着胡须"嘀嗒嘀嗒"往下掉，有的滴到前胸的衣襟上，有的滴到地上。

看了这情景，李胜只觉得一阵恶心，他强忍住不适，说："大家都说您旧病复发，没想到您的身体竟然糟糕到这个地步！"

司马懿气喘吁吁地说："人老了……都会……死，这是没有办法的事情！"

李胜想尽快离开，就说："我要到本州①当刺史了，特地向您辞行！"

———————————————

① 李胜是荆州人，所以称荆州为"本州"。

司马懿竖起耳朵，听了好一会儿，才说："哦，你要到并州当官，这可太委屈你了啊。并州靠近胡人的地盘，你要注意边境的安全。"

李胜耐着性子，凑在他耳边，扯着嗓门纠正道："太傅，我要回家乡荆州。"

司马懿这次好像听清楚了，说："我年老耳聋，刚才没听明白你的话。这次你回家乡，可以干一番大事了。今日一别，恐怕我们不能再见面了，我把我的儿子司马师和司马昭托付给你。"说完，又一阵猛咳。

李胜不想多待，就找了个借口告辞。回去后，他向曹爽报告说："司马懿离死不远了，您不必担心。"曹爽于是彻底放下戒备，不再担心司马懿会对付自己。

正始十年（公元249年）正月初六，曹芳出城祭扫高平陵[①]，曹爽和他的弟弟曹羲等人随行。而重病在身的太傅司马懿，当然只能留在城中。

曹爽做梦也没想到，他一出城，司马懿的病就好了。司马懿带着两个儿子，率领军队先占领各个城门和武库，又去宫中找到郭太后，控诉曹爽的罪行，请求将他革职查办。郭太后早就对曹爽擅权有意见，马上批准了司马懿的行动。

城外的曹爽得到消息，急得直搓手，却不敢将实情告诉曹芳，只能和曹羲商量。正在这时，桓范设法出了城，找到曹爽说："现在最好的办法是把天子劫持到许昌，再借天子的名义调集兵马对付司马懿。"

像当年曹操挟持汉献帝那样？曹爽胆怯地说："这，这样……不

---

① 魏明帝曹睿的陵墓。

好吧。"

桓范真是恨铁不成钢，只好对曹羲说："事情明摆着只能这样做。真不知道你读那么多书有什么用！你们正好与天子在一起，挟天子以令天下，谁敢不听？"

曹羲看了看曹爽，曹爽没吭声。

桓范又对曹爽说："您在城外还有两处可以用的兵力，为什么不调遣他们？如果我们马上出发，两天两夜就能到许昌。那里有现成的武器库，再加上您调来的兵力，就可以拉起一支像样的军队。"

曹爽想了半天，仍犹豫说："到了许昌，我们哪有粮食？"

这是多么愚蠢的问题！桓范心里恨得不行，但他还是耐心劝道："您忘了吗？我是大司农啊。这点我早就想到了，出城时就带了征调粮食的印章。"

曹爽吞吞吐吐地说："那，那我再想想……"

这些年，曹爽把精力都放在吃喝玩乐上了，根本没胆子干这种大事。想了一个晚上，他仍拿不定主意，只是一个劲儿拿着刀在地上划拉。

第二天天还没亮，司马懿派来劝降的人到了，对曹爽说："太傅说了，只要投降就可以保命！"

曹爽一听，立刻把手中的刀扔在地上，说："投降！投降！我不当大将军了，当个有钱的普通人就好！"

桓范放声大哭，跺脚骂道："你爹曹真这么有能耐的人，怎么会生下你们这群猪狗不如的儿子！"

曹爽投降后，司马懿在他家的四角建了四座高楼，派人不间断地在上面监视他的一举一动。如果曹爽到后园去了，楼上的人就会拉长声音喊道："原大将军现在到东南方向去了。"

曹爽听了，心想：这不是犯人的生活吗？可是他一点儿办法都没有。没过多久，他连这种生活都过不上了，因为司马懿找了个借口把他杀了，和他一起被杀的还有他的亲信何晏、丁谧、李胜等人。

曹爽一死，整个魏国就是司马懿说了算，他终于不用再装病了，可是他已经七十岁了，身体一天不如一天。两年后，司马懿真的得了重病，很快就死了，他的大儿子司马师成为大将军。

成语学习①

趋 时 附 势

迎合时尚，依附权势。多用作贬义。

造　句：林小海是一个趋时附势的人，	
因此很多朋友都看不惯他。	
近义词：攀龙附凤、阿谀奉承	
反义词：刚正不阿、洁身自好	

① 这个故事的原文里还有成语"画饼充饥"（画个饼来解除饥饿。比喻用空想来安慰自己）、"要言不烦"（指说话或写文章简明扼要，不烦琐）、"老生常谈"（老书生经常说的话。比喻人们听惯了的没有新鲜意思的话）、"驽马恋栈豆"（劣马惦记着的只是马棚里的饲料。比喻无能的人只贪图安逸，无远大志向）、"魂不守舍"（舍，住宅，比喻人的躯壳。灵魂离开了躯壳。指人之将死。也形容精神恍惚）。

【 磐石之固 】

《资治通鉴·魏纪六》

鲁王之党杨竺、全寄、吴安、孙奇等共谮（zèn）毁太子，吴主惑焉。陆逊上疏谏曰："太子正统，宜有盘石之固，鲁王藩臣，当使宠秩有差，彼此得所，上下获安。"书三四上，辞情危切；又欲诣都，口陈嫡庶之义。吴主不悦。

译 文

鲁王的党羽杨竺、全寄、吴安、孙奇等人一起诬陷毁谤太子，孙权感到非常迷惑。陆逊听说后，上书规劝说："太子是正统，地位应当有如磐石那样坚固，不可动摇，鲁王是藩国之臣，对他的宠爱与俸禄应当有所差别，彼此各得其所，上下才能安定。"连续上书三四次，措辞激烈，还要求去京城，当面陈述嫡庶的大义。孙权读了，非常不高兴。

太子、鲁王两败俱伤

　　孙权的长子孙登很早就被立为太子。孙权很重视对他的教育，除了给他配好老师，又精心挑选了才华出众的顾谭、诸葛恪、张休、陈表做他的"四友"，陪他读书、练武。在这些优秀人才的影响下，孙登成年后能文能武，谦恭有礼，处理事务谨慎得体。

　　有一次，孙登骑马外出，突然有一颗弹丸从他身边飞过。侍从大惊，下马寻找射弹丸的人，不一会儿，就抓来一个手持弹弓、身背弹丸的人。大家都认为是他干的，于是严加审讯。那人却梗着脖子，抵死不认，侍从气得要揍他，孙登却说："且慢！你们去将刚才飞过的弹丸找来。"找到后，孙登仔细与那人身上的弹丸比较，发现不一样，就把那人放了。事情传开后，大家都为吴国有这么优秀的接班人而庆幸。

　　也许是天妒英才，孙登在三十三岁那年病死了。孙权悲痛过后，不得不考虑重新立太子。此时，孙权的次子、建昌侯孙虑也不在人世了，于是他按长幼次序，立三子孙和为太子。

　　孙和天资聪颖，生母王夫人也很受孙权的宠爱，于是群臣上奏，请求立王夫人为皇后。孙权却找借口拒绝了，因为他心里还惦记着去世不久的步夫人。步夫人美丽端庄，性情温柔，在孙权的众多妻妾中最得宠，孙权一直想立她为皇后，可是大臣们认为应当立太子孙登的母亲徐夫人为后，孙权不愿意，就拖了十几年都不立皇后。等到步夫人去世，群臣才遵从孙权的意思，请求追尊她为皇后。

步夫人为孙权生了两个女儿：大的叫作孙鲁班，因为嫁给卫将军全琮，人称"全公主"；小的名叫孙鲁育，嫁给大将朱据为妻，人称"朱公主"。因为步夫人的原因，孙权对两位公主百依百顺。全公主一向讨厌王夫人，不想她成为皇后，也就没少在孙权耳边说她的坏话。这种话听多了，孙权就更不想立王夫人为后了。

众臣见孙权不立皇后，便请求分封其他王子。于是，孙权封四子孙霸为鲁王。孙霸与孙和是同母所生，所受的宠爱跟太子孙和一样。

尚书仆射是仪认为这样不妥，几次上书规劝："我认为鲁王天资卓越，应当让他出镇地方，避免争端。而且太子和亲王之间，应该有所差别，才能彰显上下秩序。"孙权却置之不理。

此后几年，太子孙和与鲁王孙霸同住一宫，享受的礼仪和俸禄完全一样，吴国大臣的议论越来越多，孙权就让两人分宫居住，各自选择僚属。

孙霸很生气，觉得自己地位下降，全是孙和的党羽在背后捣鬼，于是招贤纳士，壮大实力，打算争夺太子位。孙和也针锋相对，不断培植亲信党羽。朝中不少大臣就开始选边站。全琮和全公主打算支持鲁王孙霸，就让儿子全寄去侍奉他，还写信告诉了丞相陆逊。

陆逊在石亭大败魏军后，被孙权拜为上大将军，地位高于三公，负责吴国的军国大事。后来，孙权让他留驻武昌。虽然派驻在外，陆逊时刻牵挂着朝廷，经常上书陈述时事。每当孙权遇到大事，总要听听陆逊的意见，可以说，陆逊在朝中是重量级的人物。所以全琮才写信给陆逊，希望他也支持鲁王。

陆逊认为两宫的斗争会影响朝廷的团结，就回信给全琮说："你的儿子如果有真才实学，还担心不被重用吗？如果他资质平庸，恐怕此举会招来灾祸。我听说现在两宫势均力敌，各自网罗党羽，你

却参与其中，这是大忌啊。恐怕最终会为你们家招来灾祸。"全琮不仅不听劝，还就此与陆逊结下怨恨。

孙霸见陆逊不支持自己，就想结交更多的名人。他听说大将朱然的儿子朱绩有胆有识，就屈尊到他的官署，还挨近他坐下，想要与他结好。朱绩为人刚直，不愿卷入是非，便从座位上起身，站在一旁，表示不敢当。

然而，攀龙附凤的人还是很多，渐渐地，太子与鲁王各自形成了一个小集团，他们相互仇视、猜忌。因为吴国人称太子之宫为"南宫"，孙和与孙霸的储位之争就被称为"南鲁党争"。

孙权听到风声，就让太子与鲁王专心学习，断绝与各自宾客的往来。羊衜上书说："太子与鲁王在外声名远播，人们要是听说陛下断绝了两宫与宾客的往来，都会感到震惊的。我认为，即便两宫有不遵守法礼的地方，也应当多采取补救措施，以免外人说三道四。"孙权看了，默然无语。

没过多久，孙权生了重病，派太子去长沙桓王孙策的祭庙祈祷。太子妃的叔父张休是名臣张昭的儿子，住在祭庙附近，就邀请太子顺便来家里坐坐。不承想，这种平常之举，却被别有用心的全公主利用。

全公主因为曾经阻挠立王夫人为皇后，担心太子即位后会找自己算账，便派人监视孙和的一举一动。她得知孙和去了张休家里，就添油加醋地对孙权说什么"太子不在庙中，只去了妃家商议事情"，还说"王夫人看到陛下病重，面露喜色"。孙权大怒，狠狠责骂王夫人。不久，王夫人忧惧而死，孙权对太子孙和的宠爱也衰减了。

鲁王觉得自己的机会来了，就让党羽杨竺、全寄、吴安、孙奇等人在孙权面前为自己说好话，同时加紧诬陷太子。如此一来，孙权就越来越不喜欢太子孙和，生出了换掉他的想法。太子太傅吾粲（càn）得到消息，赶紧写信给陆逊，请求他支持太子。

陆逊本来持中立的态度，自从与全琮交恶后，就稍稍偏向于太子一方。于是，他上书规劝孙权说："太子是国家正统，地位应当有如磐石之固，鲁王是藩国之臣，对他的宠爱与待遇应当有所差别，让他们各得其所，上下才能安定。"如此连续上书三四次，言辞十分激切，还说要亲自去京城，当面陈述嫡庶的大义。孙权读了，相当不高兴。

当时，陆逊的外甥顾谭在朝中担任太常，也上书支持太子。孙霸很生气，为了扳倒顾谭，他让全寄捏造事实，诬陷顾谭的弟弟顾承和张休在与魏国的战争中假冒军功。

孙权本以为太子与鲁王兄弟不和只是宫廷隐秘，现在见事态发展越来越严重，把朝中重臣都牵扯进来了，而且大有失控的态势，便想整肃朝廷，因此将顾谭、顾承贬到交州①，让张休自尽。

吾粲见形势对太子不利，就上书请求派鲁王出镇夏口，并驱逐杨竺等人出京，又多次向陆逊通报消息。鲁王与杨竺也不示弱，一起诬陷吾粲，还捏造了二十件事中伤陆逊。孙权大怒，将吾粲处死，又接连派使者到武昌责问陆逊。陆逊悲愤不已，很快就病死了。

两党的内斗让吴国朝廷产生了很深的裂痕，孙权觉得无论让孙和还是孙霸当太子，都可能引发新的动荡，就想另立小儿子孙亮。全公主看出了这点，就不断在孙权面前说孙亮的好话。

吴国赤乌十三年（公元250年）秋天，孙权幽禁太子孙和。朱据属于"太子党"，便与尚书仆射屈晃一起率领众臣，以在额头上涂泥的方式请求释放太子。孙权在高台上看到这一幕，非常反感，呵

---

① 三国时期，吴国所辖的交州包括今广西钦州地区、广东雷州半岛，以及越南北部和中部地区。

斥他们："你们不要没事找事！"然后将他们每人杖打一百，并把屈晃赶回老家。朱据先是被贬官，后来被杀。受此事牵连的大臣还有几十人。

最终，孙权还是废黜了太子孙和，把他流放到外地，也赐死了鲁王孙霸，并将鲁王党羽全寄、吴安、孙奇等人诛杀。当时的人都为太子叫屈，后来孙权也意识到自己的处罚太过，就想召回太子，但是全公主等人不断阻挠，他只好作罢。

这年的十一月，孙权正式立孙亮为太子。这场长达八年的"南鲁党争"，最终以太子与鲁王两败俱伤、孙亮上位而告终，但由此引发的吴国朝堂的混乱与动荡，却远未结束。

成语学习

磐石之固

　　原文为"盘石之固"。"盘石"同"磐石"，指厚而大的石头。比喻坚固不可动摇。

造　句：为了安全，他们严把质量关， 　　　　把大坝修建得有磐石之固。	
近义词：坚如磐石、固若金汤	
反义词：摇摇欲坠、不堪一击	

【 晏然自若 】

《资治通鉴·魏纪八》

秋，七月，恪引军去，士卒伤病，流曳道路，或顿仆坑壑，或见略获，存亡哀痛，大小嗟呼。而恪晏然自若，出住江渚一月，图起田于浔阳；诏召相衔，徐乃旋师。由是众庶失望，怨讟（dú）兴矣。

译文

秋季，七月，诸葛恪率军撤退，那些受伤生病的士兵流落在道路上，艰难地互相扶持着行走，有的人困顿地倒毙于沟中，有的人则被俘获，全军上下沉浸在哀痛悲叹之中。但诸葛恪平静安定、神态不变，跑到江中小洲上悠闲地住了一个月，还计划在浔阳地区开发田地。直到召他回朝的诏书不断送来，他才慢吞吞地回到朝廷。这以后，他在朝野就失去了威望，人们对他的怨恨之言也越来越多。

败家神童诸葛恪

公元 252 年，孙权病逝，太子孙亮即位。孙亮当时才十岁，原来跟随孙权一起打江山的老臣，早已死的死、退的退，朝政便由大将军诸葛恪掌控。

诸葛恪是诸葛亮的哥哥诸葛瑾的大儿子，年少时就才思敏捷，能言善辩，有"神童"的美誉。诸葛瑾长着一张驴脸，有一天，孙权故意叫人牵来一头驴，当着大臣们的面，在驴的脸上贴了张标签，上写"诸葛子瑜①"四个字。诸葛恪见了，连忙跪下来说："请给我一支笔。"孙权命人拿来笔，诸葛恪在标签上接下去写了"之驴"二字。在场的人都笑了，孙权就把这头驴赐给了诸葛恪。

过了几天，孙权又见到诸葛恪，故意问他："你的父亲和叔父②谁更优秀呀？"诸葛恪不假思索地说："当然是我父亲。"孙权问："为什么呢？"诸葛恪说："我的父亲懂得侍奉明主，而叔父不知道。"孙权很高兴，从此对诸葛恪另眼相看。

诸葛恪长大后，因为父亲的关系，很快在仕途上如鱼得水。后来，他平定山越叛乱有功，被拜为威北将军。大家都觉得诸葛恪前程似锦，诸葛瑾却觉得儿子的人生太顺利，难免骄傲自大，曾担忧地说："恐怕将来诸葛家要败在这个小子手上啊。"

丞相陆逊死后，诸葛恪又升为大将军，地位举足轻重。孙权病

---

① 诸葛瑾，字子瑜。
② 指诸葛亮。

重时，想为太子找个辅佐的人，大臣们都推荐了声名显赫的诸葛恪。

这时，就有人告诫诸葛恪："现在正处在多事之秋，希望您每件事先想十次再做。"诸葛恪却说："从前季文子三思而后行，孔子说：'只要想两次就可以了。'您却让我想十次，这是说我才能低劣吗？"

诸葛恪主政后，广施德政，免掉人们拖欠的税赋，取消关税，老百姓都欢天喜地。诸葛恪每次外出，老百姓都站在路边，伸长脖子想看看他的模样。

不久，诸葛恪在东兴①招募人力，修建以前没完工的大堤。魏国认为吴国这样做侵犯了自己的领土，便大举发兵进攻东兴，想毁坏大堤。诸葛恪亲率大军前来救援，又命大将丁奉、吕据等人为先锋，袭击魏军军营。当时下着大雪，魏军将士都在帐中烤火饮酒，所以没有防备，被吴军杀得大败而逃。

东兴大捷之后，诸葛恪的个人声望达到顶点，他变得骄傲轻敌，想乘胜再次出兵攻打魏国。滕胤等大臣觉得频繁征战会让军队疲惫不堪，都站出来劝阻，但诸葛恪不听，还把坚持己见的人赶出殿外。

诸葛恪的好朋友、丹阳太守聂友也写信劝他："上次在东兴得胜，都是靠祖先与神灵的保佑。我们最好养精蓄锐，等魏国内部出现变乱再发兵。现在天时不利，您执意出兵，我深感不安。"诸葛恪回复道："您没有看到胜负存亡的大道理，请仔细阅读我的信，就会明白。"

第二年三月，诸葛恪率领二十万大军再次进犯魏国的淮南，驱杀掠夺当地百姓。有部将建议说："现在我军深入敌境，这里的百姓听到风声，早早就逃跑了。恐怕我们大动干戈，却没什么功效，不如离开这里，集中兵力围困新城②，引魏军来救。等救兵一到，我们

---

① 三国时属临川郡。治所在今江西黎川东北三十里。
② 亦称合肥新城。在今安徽合肥市西北。为三国魏青龙元年（公元233年）扬州都督满宠所筑。

再全歼他们。"

诸葛恪于是大举进攻新城，却遭到守将张特的拼死抵抗，一连几个月都没能攻下。当时天气十分炎热，吴国士兵本就疲惫不堪，加上喝了不干净的水，很多人出现腹泻、身体浮肿等症状，又因为得不到及时的救治，不断有人死亡。各营的将领每天都来报告说："生病的士兵又增多了。"诸葛恪恼怒地说："你们谎报军情，我要砍你们的头！"这样一来，没有人敢说了。

日子一天天过去，诸葛恪仍然没有好办法，又耻于攻不下新城，所以整天拉长着脸，动不动就发怒，部将们都很害怕。将军朱异只是提了点儿意见，就立刻被诸葛恪夺去兵权，赶回建业。都尉蔡林多次提出军事计策，诸葛恪都不采纳，蔡林一气之下投降了魏国。

最终，诸葛恪决定撤军。那些受伤生病的士兵艰难地互相搀扶着行走，有的人实在走不动，摔倒在路上死去了，有的人则被魏人俘虏，全军上下沉浸在哀痛悲叹之中。诸葛恪却晏然自若，跑到江中小洲上悠闲地住了一个月，还计划在浔阳地区开发田地，直到催他回朝的诏书不断送来，他才慢吞吞地回到朝廷。

一回到建业，诸葛恪就让兵士排好队列，前呼后拥地进入自己的官邸。刚进门，他就召来中书令孙嘿，厉声斥责说："你们怎么敢一而再、再而三地妄作诏书！"把孙嘿吓得魂飞魄散。

对有关部门选出来的官吏，诸葛恪一概不用，要自己重新选拔。他又更换了孙亮宫中的侍卫，全部变成自己的亲信，并命令军队加紧备战，想再次出兵攻打魏国。诸葛恪处理事情越来越苛严，被治罪和受责备的人越来越多，人们去见他时都心惊胆战。

此时，同为辅政大臣的武卫将军孙峻早就想与诸葛恪争权了，他利用朝臣的不满与百姓的怨恨，在孙亮面前说诸葛恪想造反。孙亮信以为真，便与孙峻密谋在宴会上杀死诸葛恪。

赴宴前一天，诸葛恪家中发生了几件怪异的事，他一整天都躁动不安，当晚又整宿没睡，心里有了一种不祥之感。

第二天来到宫门前，诸葛恪不知怎么就让车停了下来。当时孙峻已经在宫中的帷帐后面设下伏兵，他生怕诸葛恪不进宫，就用激将法对诸葛恪说："您如果身体不舒服，就别参加了，我会向陛下禀告的。"

诸葛恪故作轻松地说："我要勉力进去见陛下。"

谁知刚走几步，诸葛恪就收到自己的心腹、散骑常侍张约等人送来的密信，上面说："今天宫内的布置大有文章，我们怀疑会发生变故，您还是谨慎一点儿。"

诸葛恪把密信给身边的滕胤看，滕胤劝他赶紧回府。诸葛恪不以为然地说："这些小辈能干什么？也就是用毒酒害人而已。"

诸葛恪进入宫中，带着剑，不脱鞋上殿，参拜过孙亮后，就坐在自己座位上。因为怀疑酒中有毒，诸葛恪滴酒不沾。

孙峻便故作关切地问："您的病没有大好，要是有常服的药酒，就请人拿来喝。"诸葛恪这才安了心，让人取来自己备好的酒。

诸葛恪喝了几杯酒后，孙亮回到内室，孙峻也起身上厕所，在那儿脱下长袍，换上短衣服，一出来就喊道："陛下有诏，立即拘捕诸葛恪！"

诸葛恪一惊，伸手去拔剑，还没拔出来，孙峻的刀已经朝他砍了过来。一旁的张约大惊，拔刀来劈孙峻，但只伤及他的左手。孙峻却回手砍断了张约的右臂。

这时，宫中的侍卫都跑上殿来，孙峻喝道："今天要诛杀的只是诸葛恪，现在他已经死了。大家将刀收起来，继续喝酒！"侍卫们便退下了。

孙峻让人用芦席裹住诸葛恪的尸体，扔到了乱石冈，又诛杀了诸葛恪的三族。诸葛瑾当初的担忧果然成真。

诸葛恪一死，吴国就乱了。朝政大权先落到了孙峻的手上，他专横残暴，大肆残杀王室宗亲，导致废太子孙和、朱公主孙鲁育等人先后被杀，一时怨声四起。为了挽回名声，孙峻就率领骠骑将军吕据等攻打魏国。结果半路上，孙峻就暴病而亡，临终前，他把后事托付给二十六岁的从弟①孙綝打理。朝中老臣本来就对孙峻不满，现在听说乳臭未干的孙綝掌了权，意见就更大了。

在前线的吕据听说后，马上和将领们联名上书，推荐滕胤当丞相，想借机削弱孙綝的权力。孙綝看出吕据的用意，抢先一步让滕胤当了管军事的大司马，要求他离开京城去镇守武昌。

这下，吕据气得仗也不打了，率兵从前线往回赶，并和滕胤约好行动时间，一起推翻孙綝。孙綝听到风声，先派大军前去阻击吕据，又要求滕胤立即带兵捉拿吕据。滕胤知道事情败露，就拥兵自卫。孙綝趁机说滕胤要造反，带着人马去讨伐。

滕胤以为吕据会按约定前来会合，就对将士们说："吕据的军队已经在路上了，大家坚持住。"结果等到天亮，吕据没来，孙綝的人马却来了，把滕胤和他手下将士全杀了，还灭了滕胤的三族。

吕据不来，是因为他被孙綝的大军包围。部将劝他投奔魏国，吕据厉声说："我宁死也不叛国。"说完就自杀了。

孙綝总算控制住了局面，做起了大将军。

---

① 同一个祖父、不同父亲的兄弟。

成语说
资治通鉴

晏然自若

晏然，平静安定的样子；自若，不变常态。形容在紧张状态下沉静如常。

造　句：	地震时，大家都往外跑，那位
	老太太却还晏然自若地坐在大
	堂里，真让人替她捏把汗。
近义词：	泰然自若、气定神闲
反义词：	惊慌失措、六神无主

---

① 这个故事的原文里还有成语"三思而后行"（三，再三，表示多次。经过反复考虑，然后去做）。

【 司马昭之心，路人皆知 】

《资治通鉴·魏纪九》

帝见威权日去，不胜其忿。五月己丑，召侍中王沈、尚书王经、散骑常侍王业，谓曰："司马昭之心，路人所知也。吾不能坐受废辱，今日当与卿自出讨之。"

译文

魏帝曹髦见自己的权力威势日渐削弱，心中愤愤不平。五月，己丑（初七），他召见侍中王沈、尚书王经、散骑常侍王业，对他们说："司马昭的野心与阴谋，连路上的行人都知道了。我不能坐等被废黜的耻辱，今日我要亲自与你们一起去讨伐他。"

曹魏最后的血性

大将军司马师掌控魏国的朝权后，完全不把皇帝曹芳放在眼里。与皇室关系亲近的大臣李丰对此很不满，就约上张皇后的父亲张缉，多次进宫找曹芳，商量着要发动一场政变，将司马师赶下台，让曹芳自己掌权，再任命曹爽的表弟夏侯玄当大将军。

司马师见李丰老爱进宫找曹芳，怀疑他们谈的事情跟自己有关，就派人暗中调查。拿到证据后，他诘问李丰：“你和陛下最近总在一起，都说些什么呢？”

李丰淡淡地说：“都是闲聊，并没有什么特别的。”

司马师勃然大怒：“把我当傻子吗？”当即用刀把上的铁环捶死了李丰，接着又将夏侯玄、张缉等人抓起来杀了，还诛了他们三族。

曹芳既为李丰等人的死愤愤不平，又担心司马师不肯放过自己，整天忧心忡忡。恰好司马师的弟弟司马昭带军队进京，要接受皇帝的检阅。曹芳就和亲近的侍从商量，趁机杀掉司马昭，夺取兵权后再对付司马师。曹芳连诏书都写好了，可就在行动前几天，他又害怕起来，最终取消了计划。

曹芳不敢动手，司马师却琢磨开了：“皇帝一天天长大，已经不太听话了，和李丰密谋就是一个明显的信号！既然这样，何不趁弟弟和他的兵马在时，废掉这个皇帝，换一个更听话的呢？”于是找来司马昭，密谋此事。

到了检阅军队那天，司马师假传郭太后的命令，召集大臣们开会。大臣们都到了，却没有看到皇帝曹芳，便小心地议论了起来。

司马师清了清嗓子，凌厉的目光扫过大臣们的脸，众人马上安静下来。接着，司马师直截了当地宣布："当今皇帝成天玩乐胡闹，不理朝政，没有资格留在这个位置上了。"

"啊！这是要废皇帝？"大臣们都很吃惊。可是，朝政一向是司马师说了算，再说，司马昭的军队就在城中，谁敢不同意，难道不要命了？朝堂上鸦雀无声，没有一个人敢站出来反对。

司马师满意地点点头，叫大臣郭芝立即向郭太后报告这件事。郭芝到后宫时，曹芳正与郭太后坐在一起，边喝茶边聊天呢，根本不知道外面已经天翻地覆。

郭芝走上前，轻轻地对曹芳说："大将军要废掉您，另立皇帝！"

"啊？"曹芳先是一惊，继而冷静下来。这是迟早的事，好歹自己还保住了性命！曹芳稍加思索，马上接受现实，朝外面走去。

郭太后斥责郭芝："这么重大的事情，你们竟然瞒着我！"

郭芝耐心地劝道："太后哇，您不要不高兴，现在大将军主意已定，司马昭的兵就在皇宫外，只能顺着他的意思来！"

郭太后愤怒地说："我是太后，我要见大将军，我有话对他说。"

郭芝叹了一口气，说："唉，大将军哪是您想见就能见的，现在您要做的就是赶快交出御玺！还有什么可说的呢？不然，大将军会生气的！"

郭太后无奈，只好将御玺交给郭芝。

过了几天，司马师就立魏明帝曹睿的侄子、高贵乡公曹髦为皇帝，朝政大权仍掌控在自己手里。

镇东将军毌丘俭与夏侯玄、李丰交情很好，他们被杀后，毌丘俭一直坐立不安，现在听说皇帝也被废了，更加恐惧。于是，他联

合扬州刺史文钦，在寿春起兵讨伐司马师。

偏偏这时候司马师得了眼病，割掉了眼部的肿瘤，留下一个很大的创口，每天都疼得死去活来。可是没办法，他只能硬着头皮亲自率领军队前去平叛，花了将近一年的时间，才将毌丘俭杀死，把文钦打得逃去了吴国。

虽然平定了寿春叛乱，司马师却因为操劳过度，加上眼伤发作，很快就病死了，由司马昭接任大将军一职。

司马昭是个野心勃勃的家伙，他并不满足于像父兄那样只当魏国的权臣，而是想取而代之。魏国景元元年（公元260年），司马昭逼迫曹髦擢升自己为相国，封为晋公，加赐九锡，这意思再明显不过了。当年曹操就是这么逼汉献帝的，最后由曹丕接班当了皇帝。司马昭这是要学曹髦的祖先，废掉皇帝自己来当啊！

十九岁的曹髦早就看出了司马昭的野心，可自己势单力薄，根本斗不过他，得找人帮忙才行。曹髦盘算了一圈，实在没有合适的人选，只好召见平时比较亲近的三位大臣，王沈、王经、王业，把自己的计划向他们和盘托出。他悲愤地说："司马昭之心，路人皆知。我不能什么都不做，只是干坐在这里，等待被废黜的耻辱。走！今天我们一起去讨伐他！"

王经听了，皱了皱眉，问道："司马昭掌控大权已经很久了，文武百官投靠他，也不是一天两天的事了。现在宫中侍卫的力量十分弱小，陛下您凭什么能成功呢？"

曹髦坚定地说："你说的这些我都知道，但是我不想一直这么窝囊，我要拼死一搏！"

王经苦口婆心地劝道："一旦失败，后果不堪设想啊！最好不要草率行动。"

曹髦从怀中掏出写好的诏书，扔在地上，狠狠地说："不！我决定了！就算死也不怕，何况还不一定会死呢！"说完，他丢下三位大臣，昂首进到内宫，禀告郭太后去了。

王沈、王业见曹髦要动真格的，生怕连累自己，找了个借口溜出宫去向司马昭告密。王经不肯同去，仍然留在宫中。

不一会儿，曹髦从内宫冲出来，他挥着剑，登上辇车，在三百名侍卫的前呼后拥下出了宫，向司马昭的家冲去。

经过宫门的时候，他们碰到司马昭的弟弟司马伷（zhòu）。司马伷来不及躲闪，被曹髦一剑刺中前胸，鲜血顿时涌了出来。司马伷惊叫一声，跌倒在地，他手下的兵士哪里见过皇帝挥剑杀人，都吓得往后退。

眼看司马伷性命不保，司马昭的心腹贾充正好赶来，挥刀将曹髦的剑拨开，司马伷这才捡回一条命。于是双方展开了搏杀，你来我往，打得难解难分。

曹髦一边挥剑击杀，一边大声喊道："朕要杀了那些罪人，谁敢拦我！"曹髦虽然没有实权，可他到底是皇帝，普通兵士哪敢与他交战，只得小心避让。

与贾充一起来的将领成济见了，就为难地问："贾将军，事情紧急，你说该怎么办？"

贾充瞥了瞥杀红了眼的曹髦，转过脸来，阴阴地对成济说："司马公养你们这些人，就是为了今天。还有什么好问的？"

成济一听，立即举起长枪，向曹髦刺去。曹髦刚想用剑抵挡，那长枪已经刺穿了他的胸口，痛得他大叫一声，丢开剑，双手抱住长枪，倒在地上。

"不好啦！陛下被杀死了！"

司马昭听到消息赶过来，跪倒在地上，捶胸顿足，大哭不止。司马昭的叔叔司马孚对曹家忠心耿耿，看到曹髦一动不动地倒在

血泊中，不由得瘫坐在地上，过了一会儿，他小心地捧起曹髦的头，轻轻地枕在自己的大腿上，哭着说："陛下被杀，都是臣子的罪过啊！"

司马昭知道事关重大，迅速召集群臣，说明事情的原委。他特意将大臣陈泰拉到一个没人的房间，流着泪问："发生这种事情，天下人会怎么说我呀？"

陈泰悲恸万分，说："只有杀掉主谋贾充，才能向天下人谢罪。"

司马昭可舍不得杀贾充，便说："不行，你再想想其他办法。"

陈泰固执地说："我只知道这一个办法，不知道有其他的。"

司马昭想来想去，最后让成济当了替罪羊，诛灭了他的三族。想到王经和自己也不是一条心，司马昭又把王经和他的家人抓了起来，准备处死。

到了行刑那天，王经哭着向母亲谢罪。王母神色不变，笑着说道："孩子，人谁能不死？只怕死得没有价值。为了这件事，我们一家人死在一起，还有什么好遗憾的呢？"说完，从容地闭上眼睛。行刑的刽子手听了，都为他们流泪。

司马氏废帝杀帝，专横跋扈，大逆不道，天下人都议论纷纷，好些名士便批评起了朝政，其中最有名的就是曹操的孙女婿嵇（jī）康。嵇康有一群志同道合的朋友：山涛、阮（ruǎn）咸、阮籍、向秀、王戎、刘伶，他们都喜欢谈论老子、庄子，经常聚集在竹林中喝酒、清谈、跳舞、写诗，谈论天下大事，什么话都敢说，被人们称为"竹林七贤"。

嵇康早年曾在朝廷做官，司马氏掌权后，他就隐居起来。司马昭听说嵇康等人才华出众，便派亲信钟会请他们出山。

钟会登门拜访时，嵇康正伸直了腿坐在那里打铁。他一拉风箱，火炉里的火苗就直往上蹿，照亮了整个屋子，也照亮了嵇康冷冰冰的脸。钟会讪讪地站了老半天，见他爱理不理的，就打算走了。

嵇康这才开口："你为什么来，又为什么去？"

钟会说："听我所听到的而来，见我所见到的而去！"从此，他对嵇康怀恨在心。

嵇康的好朋友山涛却接受司马昭的征召，到朝廷做官去了。嵇康愤怒极了，写了一封信，把山涛骂得体无完肤，最后宣布与他绝交："现在朝廷这么污浊不堪，你竟然选择为司马氏卖命，你不配当

我的朋友！"①

　　司马昭听说后，暴跳如雷，不久就在钟会的挑唆下，将嵇康杀了。从此，魏国上下再没有人敢站出来反对司马昭。司马昭于是又立燕王曹宇的儿子曹奂为皇帝，史称魏元帝。

----

① 　这封信就是流传千古的《与山巨源绝交书》。山涛，字巨源。

成语学习①

司马昭之心，路人皆知

路人，路上的人，指所有人。指阴谋和野心非常明显，大家都看得出来。常用于贬义。

造　句：	"他这是司马昭之心，路人皆
	知，你就不要为他掩饰了。"
	她气呼呼地说。
近义词：	众所周知、尽人皆知
反义词：	默默无闻、一无所知

---

① 这个故事的原文里还有成语"困兽犹斗"〔被围困的野兽还要做最后的挣扎。比喻陷于绝境的人（多指坏人）虽然走投无路，还要顽强抵抗〕、"一鼓作气"（第一次击鼓时士气振奋。比喻趁劲头大的时候鼓起干劲，一口气把工作做完）、"才多识寡"（天资高，但见识少）。

【 表里受敌 】

《资治通鉴·魏纪九》

昭以为"寿春城固而众多，攻之必力屈；若有外寇，表里受敌，此危道也。今三叛相聚于孤城之中，天其或者使同就戮，吾当以全策縻（mí）之。但坚守三面，若吴贼陆道而来，军粮必少；吾以游兵轻骑绝其转输，可不战而破也。吴贼破，钦等必成禽矣！"

译 文

司马昭却认为："寿春城墙坚固且兵力众多，攻城肯定会使我们的兵力受损，如果再有外部敌人来犯，我们就会内外受到敌人的攻击，这是危险的做法。现在三个叛将聚集在孤城之中，这是上天要将他们一网打尽，我会想个万全之策把他们围困在城中。我们只需要坚守三面，如果吴兵从陆地而来，军粮必少，我们就可以用游动的轻骑兵切断他们的粮道，最终不战而打败敌人。吴兵失败，文钦等人必成笼中之鸟。"

诸葛家的一条"狗"

诸葛诞和诸葛亮、诸葛瑾是同族，三人都很有声誉，分别在魏、蜀、吴三国做官，当时的人根据三人的能力评价说："蜀国得了龙，吴国得了虎，魏国得了狗。"

毌丘俭和文钦发动叛乱时，曾经写信给镇南将军诸葛诞，邀他一同参加。诸葛诞一向和文钦关系不好，不仅拒绝参与，还协助司马师占领了叛军的根据地寿春。司马师平定叛乱后，封诸葛诞为征东大将军。

可是，诸葛诞没高兴多久，司马师就把他的老朋友邓飏、夏侯玄等人给杀了。诸葛诞怕司马师盯上自己，就动起了脑筋。他把官库中的金银财宝都拿出来，救济受灾的百姓，又下令赦免那些犯了罪的人，借此收买人心，然后挑选了几百名身强体壮的年轻人，精心训练，培养成自己的敢死护卫队。

做完这些，诸葛诞又上书说："我听到消息，说吴国要出兵打我们，现在寿春的兵力不够，恐怕到时候抵挡不住，请求给我增加十万兵马。"

这时，司马师已经死了，朝权由他的弟弟司马昭掌控。司马昭早就听说诸葛诞在寿春的举动很不寻常，现在他突然要求增兵，肯定有问题！司马昭就派贾充到寿春去探个究竟。

贾充以慰问的名义来到寿春后，诸葛诞十分热情，好吃好喝地招待他。宴席上，两人谈笑风生，畅聊起天下大事。

贾充试探地问道："现在洛阳有很多贤达人士，都希望当今天子能禅让皇位，您怎么看待这件事情呢？"

刚刚还满脸笑意的诸葛诞马上沉下脸来，厉声说："你不是贾逵的儿子吗？你祖上世世代代受曹家的恩惠，怎么能说出这种大逆不道的话呢？如果出现你说的那种事情，我愿意为国家而死！"

贾充见诸葛诞情绪激动，额上青筋暴起，便假装惭愧地低下头。回到洛阳后，他对司马昭说："诸葛诞手握重兵，野心又大，必须防备他。"

司马昭点点头，说："我早就料到他想造反，那现在怎么处置他呢？"

贾充略加思索后说道："先征召他来京城做官，夺了他的兵权。我估计他接到诏书，会提前造反，不过，危害不会太大；如果现在不召他进京，等到时机成熟，他一样造反，到时候危害更大。既然他迟早都要反，迟不如早，现在就逼他反！"

司马昭竖起大拇指，赞道："实在高明！"于是就给诸葛诞升了个大官——司空，要他马上进京任职。

诸葛诞收到诏书，更加害怕，对左右心腹说："司马昭一向杀人不眨眼，只怕我一到洛阳就会成为他的刀下鬼！没有别的出路了，我们造反吧！"他聚集了当地屯田的十几万官兵，又在附近的郡县招募了几万身强力壮的兵士，还在城中囤了够吃一年的粮食，打算与司马昭打一场持久战。

为了获得外援，诸葛诞还让儿子诸葛靓到吴国当人质，请求吴国派兵救援。此时，吴国的朝政由大将军孙綝把持。孙綝想借这次机会增加个人声望，就大举发兵，屯驻在镬里^①，另派文钦与全怿（yì）

---

① 在今安徽巢湖市西北。

等将领带兵先前往寿春。

司马昭见诸葛诞果然提前造反，便领了二十六万大军前来攻打。他让大将王基带着先锋部队去包围寿春，并一再交代说："诸葛诞的兵马精良，不好对付，你先去围城，不许进攻。等我们全部兵马会合后，再一举攻城。"

王基率军来到寿春，还没形成包围圈，文钦、全怿率领的东吴先锋部队就赶到了，他们凭借城东北险要的山势，冲进了寿春城。

王基就让军队将寿春围得水泄不通。将领们每天都来请战，王基总是不准。然而，魏军一直围而不攻，时间长了，士气就变得低迷。王基有点儿担忧，向司马昭请求攻城。

司马昭回复说："寿春城墙坚固，城内兵强马壮，现在攻城肯定会遭受巨大损失，如果吴国主力援军正好赶来，你们就会表里受敌，被他们内外夹击，这是危险的做法。现在三个叛将聚集在孤城之中，这是上天要将他们一网打尽，我会想个万全之策。"

然而王基不听，他趁东吴主力援军还没赶到，发动了攻城大战。果然，双方正打得不可开交时，吴将朱异带着三万主力援军赶来，驻扎在安丰郡①。

司马昭又气又恼，只好让王基率领军队转移，占据北山险要的地方。王基却不同意，说："现在人心安定，不能转移，不然将士们会成为一盘散沙。"于是继续对寿春形成里外两层密不透风的包围圈，还命人在城四周挖深沟、筑高台，打造坚固的防御工事。文钦等人好几次想突围出城，都受到王基的痛击，被迫退回城中。

司马昭见王基坚守原地，就派出精锐的游击部队，将朱异的军队打败，还烧了他的粮草。朱异收拾残兵剩勇，靠吃葛叶支撑着逃

---

① 治所在今安徽霍邱西南。

回孙綝那里。

孙綝很不高兴，对朱异说："你去拼死再战一次！"朱异无奈道："军粮全都被烧，这仗没办法打！"孙綝大怒，下令将朱异处死。

司马昭得知后，对左右说："朱异没有过错，孙綝却杀了他，这是想坚定诸葛诞守城的决心，让他仍然盼望救兵。现在我们应当加强包围，防备他们突围逃跑，而且要设法捣乱，影响他们的判断。"他故意让人放出风声，说吴国的救兵马上就要到了，魏军现在缺少粮草，已经把弱残的兵力分到别的地方去吃军粮了。这样下去，大部队也支持不了多久。

诸葛诞听了，让手下放宽心随便吃粮，没过多久，城中粮食就不够了，可是吴国的救兵却连个人影儿都没见着。将领们急得焦头烂额，诸葛诞的心腹蒋班和焦彝（yí）说："吴国的救兵不会来了！我们不能坐在这里等死，应当集中兵力，找准一个方向突围！"

文钦拼命摇头，对诸葛诞说："将军您想一想，您率领十余万兵马归顺吴国，现在我与全将军和您一起面对生死，我们的父兄子弟都还在江南，即使孙綝不想来，吴国的皇室宗亲怎么肯答应呢？我们必须在这里等救兵来。"

蒋班、焦彝仍劝诸葛诞突围，文钦很生气，板着脸不搭理他们。诸葛诞有点儿不耐烦，就对蒋、焦二人说："你们不要扰乱军心了，否则军法处置！"蒋班和焦彝很害怕，当晚就出城投降了。不久，司马昭又劝降了全怿和其他几千人马，寿春城内军心大乱。

这时，文钦就对诸葛诞说："魏军现在把我们围得死死的，加上最近一些将领投降，他们一定认为我们没办法了，从而放松戒备。我觉得可以趁这个机会突围。"诸葛诞觉得有道理，就组织人马来到城墙下，准备突围。

然而，魏军早有准备，他们站在高处抛石、射箭，箭矢和石块像雨一样倾泻下来，把突围的士兵打得头破血流，死伤遍地。诸葛诞只好返回城中。

城里的粮食越来越少，将士们饿得脸黄肌瘦，不断有人出城投降。文钦很焦虑，又对诸葛诞说："现在情势紧张，为了节省粮食，不如让北方人都出城投降，我留下来与吴国人一起坚守。"诸葛诞怀疑他别有用心，不同意这个方案。文钦本就记恨之前诸葛诞帮助司马师出兵对付自己，这次只是因为两人都反对司马昭，才聚在一起。现在事态紧急，他们之间的猜疑心就更重了。

有一天，文钦来找诸葛诞商量事情，两人话不投机，大吵了一架。诸葛诞一怒之下，把文钦杀了。文钦的儿子文鸯、文虎获知父亲的死讯，就想带兵为父亲报仇，但士兵们都不愿意为他们卖命，兄弟俩就投降了司马昭。

部将们请求杀了文鸯、文虎，司马昭却说："文钦的确罪该万死，他的儿子本来也应该杀掉，但他们在走投无路的情况下前来投降，况且现在寿春城还没攻破，如果这个时候杀了他们，反而坚定了城内敌人死守的决心。"于是赦免了文氏兄弟，让他们骑着高头大马，率领几百名骑兵，围着寿春城一圈一圈地巡视，口中还高呼："文钦的儿子都没事，其他人还担心什么呢？快出来投降吧！"

寿春城内的将士听了，可高兴了，困在城里这么久，他们早已又累又饿，现在能够保命，他们再也不想继续打下去了。

司马昭料定寿春城已经军心动摇，便亲自来到城外，他见城上拿着弓箭的战士犹豫着并不发箭，就大声对身后的魏军下令道："现在可以进攻了。"一时间，鼓角齐鸣，魏军呐喊着登上城墙。守城的将士早已没了斗志，纷纷缴械投降。

诸葛诞率领几百名敢死队员想要突围出城，司马昭手下的精兵悍将一拥而上，把他杀死。但是，那些敢死队员却一个个拱着手，排成整齐的队伍，死活不肯投降。司马昭就下令杀了他们，每杀一人，就问一声："你们投不投降？"死士们镇定自若，没有一人回答，直到全部被杀死。

这一仗下来，投降的吴国士兵有一万多人，缴获的兵器堆得像小山一样。有人建议司马昭："这些投降吴兵的家人都在江南，不能放他们回去，应当全部活埋。"

司马昭摇摇头，说："你错了，大家各为其主罢了，现在宽恕他们，正好显示我们对俘虏的宽宏大度。"最后，这些吴兵不仅没有被杀，还被妥善安置，吴军原来的将领也都得到相应的职位，大家都心悦诚服。

寿春叛乱平定后，魏国支持曹氏皇室、反对司马氏的军事力量基本被消灭。

成语学习

表里受敌

内外都受到敌人的攻击。

造　句：	这支小分队只有奋力登上那块高地，才能摆脱表里受敌的困境。
近义词：	腹背受敌
反义词：	各个击破

〖 尺寸之功 〗

《资治通鉴·魏纪九》

吴主以张布为中军督。改葬诸葛恪、滕胤、吕据等，其罹（lí）恪等事远徙者，一切召还。朝臣有乞为诸葛恪立碑者，吴主诏曰："盛夏出军，士卒伤损，无尺寸之功，不可谓能；受托孤之任，死于竖子之手，不可谓智。"遂寝。

译文

吴王任命张布为中军督。又改葬了诸葛恪、滕胤、吕据等人，凡受诸葛恪连累而迁徙远方的人全部召回。有大臣请求为诸葛恪立碑，吴王下诏说："他盛夏出军，导致将士伤亡惨重，又没有取得哪怕一点点的功劳，不能说是有才能；他是先帝的托孤大臣，却死在一个小子手里，不能说是有智谋。"于是为诸葛恪立碑的提议就此作罢。

快马加鞭当天子

吴军吃了大败仗的消息传回吴国，朝野议论纷纷，觉得孙綝既救不了诸葛诞，又害得吴军伤亡惨重，更可气的是竟然杀死名将朱异，因此都对他痛恨不已。

皇帝孙亮对孙綝也是一肚子意见。孙亮一年前就开始亲政了，可什么事都由孙綝做主，顶多让他盖个印罢了。有一次，孙亮翻阅孙权生前的诏书，心里很纳闷，就问左右侍从："先帝常常亲自写诏书，每件事情都自己决断。可是大将军孙綝每次奏报事情，为什么只让我签个字呢？"左右侍臣都害怕孙綝，不敢如实回答。

孙亮一天天长大，懂得很多事后，渐渐地有了夺回权力的想法。他亲自筹建了一支军队，精心挑选了三千多名兵家子弟，又从武将家庭里选了一些勇敢机敏的人，让他们领兵。当时正是夏天，每天天还没亮，这支军队就在皇家苑林中练兵习武，一遍又一遍的，将士们都汗如雨下。孙亮见他们精神抖擞，心里可高兴了，回到宫中对左右的人说："我亲手打造这支军队，就是想和他们一起成长。"孙綝知道后，很不高兴。

这天，孙亮想生吃蜂蜜泡酸梅，就让宫中的小黄门去库房取蜂蜜。拿回来后，孙亮仔细看了一眼，疑惑地问："为什么蜂蜜里有老鼠屎啊？"

小黄门"扑通"一声跪在地上，说："陛下，一定是管库房的人没看好蜂蜜。"

孙亮召来管库房的人，那人吓得跪在地上，连连磕头说："这是小黄门诬陷我啊！上回他私下问我要蜂蜜水，我没给，他就怀恨在心，所以故意在蜂蜜里做手脚。"

小黄门听了，冷笑了一声，说："简直是血口喷人！明明是你失职！"

孙亮想了想，让人把那颗老鼠屎剖开，他仔细看了一眼，说："如果老鼠屎早就浸在蜜中，那么里外都应该是湿的。可现在外面是湿的，剖开后里面却很干燥，说明浸泡的时间不长，这必定是小黄门刚刚放进蜂蜜里的！"

小黄门一听，吓得脸色煞白，叩头如捣蒜，请求饶命。左右近臣也又惊又怕，心想："小皇帝不好糊弄啊，以后可得多加小心！"

这天，孙亮听说孙綝从镬里撤军回来了，就召他进宫质问朱异的事。孙綝一生气，干脆称病不上朝。孙亮火冒三丈，就找了个借口，让大将丁奉把孙綝的两名亲信杀了。孙綝恨得直咬牙，却不动声色，吩咐亲信盯紧孙亮的一举一动。

一天晚上，孙亮正琢磨着除掉孙綝的方案，恰好大臣全纪进来，他见孙亮双眉皱得都可以打结了，就关切地问："陛下为什么事情烦恼？"

全纪的父亲全尚是京城防卫部队的统帅，妹妹又是孙亮的皇后，孙亮知道全纪可靠，便哭着说："孙綝太霸道了，我想除掉他！"

全纪点头说："是必须尽快除掉他，否则后患无穷。"

孙亮便说："你的父亲手握兵权，对我们的计划非常关键。你回去让他秘密调集军队，三天之后与我会合。到那天，我会亲自率领训练好的卫队突袭孙綝的家。"

全纪答应了。他走时，孙亮叮嘱道："如果一切都按我说的做，肯定能成功。你回去后，千万不要走漏风声，连你母亲都不能知道!"

全纪的母亲是孙綝的堂姐,与孙綝关系很好,如果她知道了,肯定会告诉孙綝。全纪明白这其中的利害关系,当下表示一定会让父亲严守机密,他请求孙亮写下一封密诏,方便号令将士。

全纪回家后,避开母亲,把密诏拿给全尚看,并让他千万保密,不要告诉母亲。全尚嘴上虽然答应,心里却没当回事,当天晚上,他和全纪的母亲聊天时,不小心说漏了嘴:"三天之内要杀了孙綝。"

全纪的母亲吓了一跳,随口应了句"那就杀了他",暗中却派人偷偷把这个消息告诉了孙綝。

孙綝马上召集军队,将全尚扣押起来,又包围了皇宫。孙亮知道事情泄露,就拿上弓箭,骑上马,对左右侍卫说:"我是大皇帝①的嫡子,在位已经五年了,谁敢不服从我!"说完就要冲出宫去和孙綝拼了。几名侍卫死死抱住马腿,连拉带拽地把孙亮从马背上弄下来。

孙亮出不了宫,于是唉声叹气,还大骂全皇后:"你的父亲昏庸无能,坏了我的大事!"全皇后哭个不停。全纪知道后,羞愧地自杀了。

很快,孙綝进了宫,夺去孙亮的皇帝玺绶,把他的罪状一条一条写下来,然后挨个儿逼着大臣们签字,打算昭告天下。尚书桓彝不肯签名,孙綝当场将他杀了。其他人吓得瑟瑟发抖,都乖乖地签上了自己的名字。

第二天,孙綝派人将孙权的第六子、琅邪王孙休接来当皇帝。

孙休当时在会稽,接到消息后,立马出发前往京城,走到曲阿时,打算停下来休整。这时,一位老人拦住他的车,叩头说:"天下人都盼望天子,事情拖久了怕生变故啊。"孙休一下子被点醒了,下

---

① 指孙权。

令快马加鞭前进，当天就到达秦淮河东岸的布塞亭。

果然，孙綝见孙休还没到，打算到皇宫里住一住，便召集大臣们商议此事。众人都惊慌失措，又不敢反对，大臣虞汜说："天下人都把您看作伊尹、霍光那样的人物，指望您安定宗庙社稷，施恩惠于百姓。可是琅邪王还没到，您却想入宫居住，恐怕天下人会对您有意见，并因此导致动荡。"孙綝很不高兴，正要发作，有人来报告说，琅邪王已经到了布塞亭。孙綝一脸悻悻，只好安排人去迎接。

就这样，孙休顺利即位，他就是吴国第三位皇帝吴景帝。登基大典上，孙綝自称"草莽臣"，交出印绶、节钺①等，请求退位让贤。孙休知道孙綝是故作姿态，就好言宽慰，下诏任命他为丞相、荆州牧，增加五个县的封邑。

丹阳太守李衡听说孙休当了天子，吓得半死。原来，孙休还是琅邪王时，住在丹阳郡，李衡对他很不好。李衡的妻子经常劝他不要这么做，李衡不听，还经常找借口骚扰孙休。孙休无奈，只得请求迁居会稽。

现在李衡后悔死了，他对妻子说："当初真应该听你的话啊，现在新皇帝肯定会报复我。我打算投奔魏国。"

李妻劝道："新皇帝在当琅邪王时就施德行善，注重积累好名声。现在他刚刚登基，正是笼络人心的时候，肯定不会因为私人恩怨杀你。如果你过意不去，就把自己绑起来，上表承认错误，请求降罪。这样，新皇帝不仅不会惩罚，还会优待你。"这次李衡照她说的去做了。

果然，孙休不仅宽恕了李衡，还让他回去继续当官。朝臣们都觉得新皇帝宽容大度，对他产生了好感。

①　符节和斧钺。古代授予将帅，作为加重权力的标志。

孙綝听说后，有点儿忌惮，就带着牛和酒前去拜见孙休，想试探一下他的态度。孙休怕酒有问题，没有收下。孙綝便气哼哼地将东西送到孙休的心腹、左将军张布家里。

张布安排好酒好菜，盛情招待孙綝。孙綝喝得醉醺醺的，就发起了牢骚："如果没有我，他做梦也当不了皇帝。可他竟然不收我的礼，就是把我当普通大臣看待呗。哼，那我就要考虑另外找人当这个皇帝了。"

张布偷偷把这些话告诉了孙休。孙休意识到自己不能和孙綝对抗，必须慢慢积蓄力量。

有一次，有人向孙休报告，说孙綝图谋造反。孙休二话不说，让人把告密的人抓起来，交给孙綝处理。

孙綝虽然将那人杀了，但是心里很害怕，便上书要求镇守武昌，孙休答应了。临行前，孙綝提出想把手下一万多名精兵带走，孙休也答应了。孙綝见孙休对自己百依百顺，便得寸进尺，不但开口索要武库里的兵器，还要带走几个按规定不能外出的大臣。孙休全部答应下来。

孙綝以为孙休害怕自己，便放松了警惕。他不知道自己前脚刚走，孙休后脚就把张布和丁奉找去，商量怎么诛杀他。

丁奉说："孙綝势力太大，硬碰硬很难取胜。腊祭①就要到了，陛下宴请大臣时，可以埋伏卫兵暗杀他。"张布也觉得这是个好办法，孙休便让他们着手准备起来。

天下没有不透风的墙，腊祭日的前一天，建业城里到处流传一则谣言，说第二天会发生流血事变。孙綝听说后，有点儿不安。当天晚上突然刮起了大风，掀翻了屋顶，扬起漫天风沙，孙綝心里更

---

① 在一年的最后一个月，到野外猎取各种野兽，用于祭祀祖先与五位家神，以祈求来年五谷丰登，家人平安、吉祥，称为"腊祭"。由于腊祭通常在十二月举行，因而秦汉以后把这个月称为"腊月"。

是七上八下。

第二天早上，孙綝眼皮跳个不停，就推说生病，不想参加当天的宴会。孙休便派了十几拨使者前去请他。孙綝推辞不过，只好硬着头皮赴宴。

进宫之前，孙綝和部属约定："你们故意在我家里放火，到时我就以此为借口早点儿出宫。"

宴席刚到一半，孙綝家里就着火了，孙綝请求回家看看。孙休淡淡地说："你家里那么多人手，他们会处理的，不用你亲自回去。"孙綝坚持要走，孙休便朝丁奉、张布使了一个眼色。孙綝知道不妙，拔腿就往外跑，却被埋伏在后面的卫兵按倒在地。

孙綝趴在地上，声音颤抖，哀求着："请陛下饶我一死，我愿意迁到交州。"

孙休盯着他，狠狠地说："当初你为什么不把滕胤、吕据迁到交州？"

孙綝痛哭流涕，不住求饶："我愿意当一名奴隶，为官家做牛做马。"

孙休愤怒地又反问："当初你为什么不让滕胤、吕据当官家奴隶呢？"

孙綝知道自己死定了，顿时瘫在了地上。丁奉上前就是一刀，把孙綝结果了，然后拿着他的首级，来到孙府，对他的部属说："你们如果敢反抗，下场就跟他一样。"那些人纷纷放下兵器投降。

除掉孙綝后，孙休为诸葛恪、滕胤、吕据等人恢复名誉，召回当初受他们连累而迁徙远方的人。有大臣就顺势请求为诸葛恪立碑，孙休下诏说："他盛夏出军，导致将士损伤惨重，又没有取得尺寸之功，不能说是有才能；他接受先帝的托孤重任，却死在一个小子手里，不能说是有智谋。"于是为诸葛恪立碑的提议就此作罢。

成 语 学 习

尺 寸 之 功

尺寸，形容数量少。微末的功劳。

造　句：这次行动，他没有立下尺寸之
功，却依然获得褒奖，大家很
不服气。
近义词：涓滴之劳
反义词：不世之功

【 鱼贯而入 】

《资治通鉴·魏纪十》

遂自阴平行无人之地七百余里，凿山通道，造作桥阁。山谷高深，至为艰险，又粮运将匮，濒于危殆，艾以毡自裹，推转而下。将士皆攀木缘崖，鱼贯而进。

译 文

于是邓艾率军从阴平出发，走了七百余里的无人之地，沿途凿山开路，架桥梁、建阁道，山高谷深，异常艰险，运来的粮食也将要吃完，濒临绝境。邓艾狠了狠心，用毡毯裹住自己，翻转着滚下山去。将士们受到触动，也攀着树木，沿着崖壁，像游鱼一样一个跟着一个地往下爬行。

邓艾奇袭阴平

诸葛亮死后，蒋琬撑起了蜀国的政局。蒋琬性情成熟稳重，不仅善于处理政务，还是一个宽厚、有雅量的人。一个叫杨敏的官员曾经毁谤他："办事糊里糊涂，比前任差远了。"有人告诉蒋琬，要求严惩杨敏。蒋琬却笑了笑，大大方方地说："我确实不如诸葛丞相。"后来杨敏犯了法，有人认为蒋琬一定会重罚他，蒋琬却没有。

蒋琬接任不久，就率军屯驻在汉中，等待机会，与吴国一道夹击魏国。他分析诸葛亮生前几次伐魏失败，都是因为受到交通、粮草等条件的制约，所以他命人建造了大量船舰，打算利用汉水、沔水顺流东下，配合吴军作战。然而，几次都因为蒋琬旧病复发，导致行动中止。于是，蒋琬便推荐姜维担任凉州刺史，希望他控制河西，自己则做他的后援。可惜蒋琬的病情越来越重，从水路伐魏的计划始终没能实现。

蒋琬去世前，将职位辞让给费祎。费祎见识过人，博闻强记，每次审阅公文，粗粗看一眼，就知晓大意。他经常在早晨和傍晚处理繁杂细碎的公务，中间接待宾客、饮酒聊天、下棋娱乐，每次都玩得不亦乐乎，但公事一点儿没有耽搁。

当时，姜维自认为已经将西部的民情风俗摸透，再加上他对自己的军事才华很自负，所以总想出兵诱降羌、胡的各个部族，进而达到控制陇西的目的。可是，费祎不同意这个方案，还有意裁减姜维的军队。姜维非常郁闷，费祎就对他说："我们这些人跟诸葛丞相比，差得太远了。丞相生前尚且不能平定中原，更何况我们呢？现在最好的办法是保国治民，守好益州，至于建功立业、扩大疆土的事，只能交给后面更有才能的人去做了。"

六年后，费祎被魏国的降将郭循刺杀身亡，朝政大权就落到了大将军姜维的手里。姜维终于有机会按照自己的想法行事了，于是多次出兵攻打魏国。可是蜀国实在弱小，打来打去，蜀军败多胜少，将士伤亡惨重，老百姓因此怨恨姜维，陇西地区也躁动不安。

一些大臣就开始说姜维的坏话，尤其是宦官黄皓，老在刘禅的耳边嘀咕："这些年，姜维为了立大功，动不动就出兵，还老打败仗。依我看，不如换个人当大将军。"刘禅虽然没有同意，对姜维的信任却不如从前了。

姜维知道后很担忧，就对刘禅说："黄皓就是一个爱搬弄是非的小人，将来准会败坏国家，请您马上杀了他！"

刘禅心想："黄皓最懂我的心意，每天都陪着我，比谁都亲，哪能说杀就杀呢？"于是笑着对姜维说："黄皓只不过是宫中跑腿的小宦官，也不知道他怎么得罪您了。您堂堂一国大将军，就不要和一个小宦官计较了！"

姜维见刘禅护着黄皓，知道多说也没用。刘禅又安慰他说："大将军，您不要生气啦，明天我让黄皓向您赔礼道歉。"

第二天，黄皓果然带着重礼登门道歉。姜维不仅没有放下心来，反而更害怕了。他知道黄皓深得刘禅宠信，势力遍布朝廷，自己如果继续留在成都，很可能遭到报复，便上书说："我想去沓中①种麦子，为国家多积蓄粮食。"刘禅乐得身边少一个管他的人，高兴地答应了。

---

① 在今甘肃舟曲、迭部一带。

姜维来到沓中后，除了种田练兵，还时刻关注魏国的动静。这天，姜维正在军中喝酒，一名探子进来报告说："魏国的大将钟会、邓艾在关中集结军队，肯定是准备攻打我们了！"

姜维大惊，手中的杯子差点儿摔落。等进一步问清情况后，他叹了一口气："我国危险了啊！"然后心急如焚地给刘禅上奏说："魏军准备攻打蜀国了，请马上派大将张翼、廖化各率一支军队，守住阳安关口和阴平的桥头①，阻止魏军进入汉中。动作要快，不然会吃大亏！"

正在饮酒玩闹的刘禅读了姜维的奏章，吓得酒也醒了一半，颤抖着问黄皓："魏军要打过来了，这可怎么办哪？"

黄皓相信鬼神巫术，认为敌人打不进来，便安慰刘禅："陛下，上天给了我们易守难攻的宝地，肯定不会有事的，您放心好啦！"

刘禅想想也对，蜀道难，难于上青天，那么艰险的路，魏军肯定知难而退，即便他们真的来打，还不知猴年马月才能到呢。于是，他松了口气，问："那我们不派兵吗？如果大臣们知道了会怎么想呢？"

黄皓一跺脚、一咬牙，尖着嗓子说："哎呀，我的陛下，咱们在朝堂上不提这件事，不就没人知道嘛！"

刘禅一听，顿时眉开眼笑，连说："对对对！不提，不提！"

姜维左等右等，没有等到刘禅抵御魏军的部署，却等来魏军兵分三路进攻蜀国的消息。司马昭与姜维交手多年，知道他是块硬骨头，曾经想派人暗杀他，后来被左右劝阻。这次，他特地派征西将军邓艾率领三万人从狄道②奔赴甘松③、沓中，以牵制姜维；雍州刺史诸葛绪率领三万人从祁山奔赴武街桥头，断绝姜维的退路；镇西

---

① 阳安关口，即阳平关，在今陕西勉县西。阴平桥头，在今甘肃文县南门外白水江上。
② 即今甘肃临洮。因在狄人所居地置，因名。
③ 今甘肃迭部一带。

将军钟会则统帅十万大军，分别从斜谷等地奔赴汉中。

刘禅听说魏军真的打来了，这才匆匆忙忙派大将廖化去支援姜维，让张翼前往阳安关口，又派使者向吴国求援。吴国当即命大将丁奉等人率军前去相救。

可是一切都太迟了，此时钟会的大军长驱直入，已经拿下了阳平关等重要关口，进入汉中。而姜维被邓艾、诸葛绪的军队牵制住，接连失去了几个重要据点，只好退到阴平。后来，姜维听说汉中失守，又放弃阴平，与前来支援的廖化、张翼会合，退守剑阁①，准备在那里阻击钟会。

剑阁地势险要，可谓一夫当关，万夫莫开。如果能守住剑阁，蜀国还有救。姜维让将士们依据天险排列营垒，并不断激励大家，一定要把钟会的大军挡在关外，拖上三个月，魏国就会退兵。

魏军主力进攻了几次，都没能攻克剑阁。钟会见进军缓慢，而且山路崎岖，担心军粮供应不上，就想打退堂鼓。

邓艾不甘心撤军，就献计说："现在蜀军受到重创，而且大多数兵力集中在剑阁前线。我想带一支精锐部队，从阴平悄悄前往蜀国腹地，诱使姜维往回撤兵。如果姜维后撤，你就可以带领大军顺利前进；如果姜维不撤退，那么成都地区空虚，我们定能攻下！"这个方案非常凶险，但考虑到魏军在剑阁遇阻，一时难有突破，钟会就同意了。

阴平是少数民族的聚集区，到处是崇山峻岭，几乎是不可能通行的天堑，所以蜀国并没有在这里设防。邓艾率领军队凿山开路，架桥建道，一点点往前推进。然而，历经无数艰险后，他们携带的粮食马上就要吃完了，而前方的路看上去还那么长，魏军的士气不

---

① 在今四川剑阁东北剑门镇剑门关。

免低落起来。

邓艾想来想去，觉得没有更好的办法，就把心一横，用毡毯裹住自己，骨碌碌地滚下山去。将士们受到激励，也学着那样做。没有毡毯的士兵生怕落后，就攀着树木，沿着崖壁，鱼贯而进。

邓艾的人马顺利下山后，马不停蹄地攻下江油，到达涪县，却遭到诸葛亮的儿子诸葛瞻的拼死抵抗。可是，诸葛瞻并没有学到父亲的本事，也听不进副将的建议，在险要的地方派兵据守，导致邓艾迅速进入平地，快速击败诸葛瞻的前锋，将他逼退到绵竹。

邓艾写了封信给诸葛瞻，说："您是名臣之后，只要您投降，我一定上表请求封您为琅邪王。"诸葛瞻大怒，杀掉送信的使者，排兵布阵，等待邓艾的进攻。

邓艾派儿子邓忠进攻诸葛瞻的右翼，让部将师纂进攻左翼。邓忠、师纂交战不利，都退了回来，向邓艾报告说："敌人太厉害了，没办法攻破！"

邓艾指着他们的鼻子痛骂："成败在此一举，有什么不能的！你们敢再说这样的话，马上杀头！"

邓忠与师纂吓坏了，于是回头再战，这次他们率军拼死搏杀，最终打败了蜀军，杀死了诸葛瞻。有人劝诸葛瞻的儿子诸葛尚逃跑，他却叹道："我们父子蒙受国家的厚恩，只恨没有早点儿杀了黄皓，导致国破家亡，活着还有什么意思！"说着纵身上马，冲入魏军中战死。

就这样，邓艾的军队顺利攻破绵竹，又风驰电掣般逼向成都。

成语学习①

鱼贯而入

原文为"鱼贯而进"。像游鱼一样一个跟着一个地接连走。形容一个接一个地依次序进入。

造　句：电影院开始检票了，观众鱼贯而入，顷刻满座。	
近义词：井然有序、有条不紊	
反义词：一拥而入、一哄而上	

---

① 这个故事的原文里还有成语"悔之无及"(后悔也来不及了)。

〖 乐不思蜀 〗

《资治通鉴·魏纪十》

　　晋王与禅宴，为之作故蜀技，旁人皆为之感怆，而禅喜笑自若。王谓贾充曰："人之无情，乃至于此；虽使诸葛亮在，不能辅之久全，况姜维邪！"他日，王问禅曰："颇思蜀否？"禅曰："此间乐，不思蜀也。"

译　文

　　晋王司马昭与刘禅参加宴会，专门为他安排了蜀地歌舞表演，一同归降的蜀国旧臣都很伤感，刘禅却高高兴兴，与平时一样。晋王对心腹贾充说："一个人无情，竟然到了这种程度；即使诸葛亮还活着，也不能辅佐他长久平安，何况姜维呢！"过了几天，晋王又问刘禅："你还想念蜀国吗？"刘禅说："我在这里很快乐，不思念蜀国。"

刘禅说他很快乐

成都城里一片祥和，熙熙攘攘的街市上，摆满了琳琅满目的货品，各种叫卖声此起彼伏，平常百姓有的站在街角，眯着眼睛晒太阳，有的坐在茶馆里喝茶，拉着家常。突然，街上跑来几个披头散发的人，一边跑，一边喊："快逃命啊，魏军打进城了！"

晒太阳的，吓得一溜烟躲进屋子里；喝茶的人，扔下茶碗就跑；做生意的人也不叫卖了，直接把担子给丢了，原本热闹的街市，瞬间不见了人影。

邓艾的军队从天而降，成都城里根本没有防备，刘禅连忙召集群臣商议对策。朝堂上，大臣们七嘴八舌。有人说："城里还有三万将士，可以抵挡一阵，等姜维来救。"马上有人反对："姜维远在剑阁，等他回成都，恐怕我们都成了魏军的刀下鬼。就算他及时赶回来，也打不过魏军。依我看，不如早点儿投降！"又有人说："这几年我们和吴国的关系很好，还是投奔吴国吧。"也有人摇头说："不行，投奔吴国还不如退到南中地区呢！南中地势险峻，容易防守，那里更安全。"

刘禅不知道听谁的好，左右为难，最后看着黄皓，希望他拿个主意。平时趾高气扬的黄皓这会儿却蔫了，半天没说一个字。

大臣谯（qiáo）周站出来说："从古至今，就没有投降别国还能当天子的。如果投奔吴国，那就是他们的臣子。大家不要忘了，大国吞并小国是天下的趋势，也就是说，将来一定是强大的魏国吞并弱小的吴国。所以，与其现在投奔吴国，将来再跟着他们一起投降魏国，不如现在直接投降魏国。这样可以少受一次向人称臣的耻辱。"

刘禅有点儿不甘心，问："如果退到南中呢？南中毕竟还是我们的地盘。"

谯周无奈地说："要退到南中，早就应当计划好，现在敌人就要杀进来了，哪里来得及？"

经过谯周这么一分析，大多数人都赞成投降魏国，不过也有人担忧说："就怕邓艾不接受我们投降啊。"

谯周胸有成竹地说："现在吴国还没有向魏国臣服，魏国需要我们当个投降的榜样，肯定会以礼相待。如果陛下投降魏国后，没有受到很好的对待，那么我请求独自前往洛阳，跟他们说一说什么是道义。"

众人都觉得谯周的建议是上策，但刘禅想退守南中，还在那里搓着手犹豫不决。

谯周只好继续劝说："南中偏远，是蛮人住的地方。他们平常就不按时交纳税赋，还多次叛乱，后来诸葛丞相动用武力征服，他们走投无路才归顺我们。如果我们去南中，蛮人对外要抗拒敌兵，对内要提供陛下的日常花销，费用巨大，他们的利益必然受损，到时候肯定反叛。"

谯周说得再明白不过，刘禅便不再犹豫，派张绍等大臣捧着御玺向邓艾投降，又命人前往剑阁，通知姜维向钟会投降。

刘禅的第五个儿子、北地王刘谌听说要投降，愤怒地说："国家到了生死存亡的关头，这个时候，我们应当父子、君臣一起作最后的奋战，为江山社稷而死，这样才对得起先帝。为什么要投降？"刘禅不听。刘谌悲愤极了，跑到刘备的祭庙中痛哭，然后杀了妻儿，再自杀而死。

投降那天，刘禅率领太子、诸位亲王以及群臣共六十多人，将手反绑在背后，拉着棺木走到邓艾的军营门前。邓艾大喜，亲自为他们解开绳索，烧毁棺木，请进军营相见。随后，邓艾在没有请示司马昭的情况下，擅作主张，让蜀地承袭原有的制度不变，投降的蜀臣继续当官，又安抚当地百姓，让他们照常生活。

守在剑阁的姜维听说刘禅投降，简直不敢相信自己的耳朵，他愤怒极了，伸手去拔腰中的佩剑，刚刚抽出一截，却又推回鞘中，仰天长叹道："我们还在前线拼死拼活，陛下却投降了！"

苦熬数月的蜀军将士们个个眼含热泪，挥舞手中的刀剑，吼叫着往旁边的石头、树木上一阵乱砍。他们的怒火随着火星四溅，又与枝叶一同散落。

姜维最终向钟会投降。钟会很赏识姜维的才华，仍然让他做大将军。可是，姜维常常想起诸葛亮的厚待，希望找到机会复兴蜀国，于是刻意与钟会结交。渐渐地，钟会越来越信任姜维，把他当心腹看待，两人经常共乘一辆车进出，同坐一张席子吃饭。

有一天，钟会向姜维吐苦水："我辛辛苦苦带着主力军攻打蜀国，却被邓艾抢了首功，真是不甘哪。"姜维意识到机会来了，便怂恿说："邓艾进入成都后，居然分封蜀地群臣，这不是谋逆是什么？这里面大有文章可做！"钟会听了，心中一动，于是派人去打探邓艾的一举一动。

灭了蜀国，邓艾得意极了，他常常对蜀国的大臣们说："哎呀，你们这次幸亏遇到的是我邓艾，要是遇到像汉朝大将吴汉①那样的人，恐怕早就没命喽。"他又写信给司马昭说："现在灭了蜀国，我打算让将士们休养一段时间，然后留下四万兵马，先在这里煮盐炼铁，以备

———————

① 吴汉是东汉开国名将。当年平定蜀地的公孙述后，他将公孙述等人灭族，又纵兵在成都抢掠、残杀百姓。

军需，同时制造战舰，然后一鼓作气灭了吴国。"语气相当狂妄。

司马昭本来就对邓艾擅自任命蜀地官员不满，现在听说他要带几万兵马留在当地，更加忌惮，便让监军卫瓘（guàn）告诫邓艾："你做事要先上报，别老自作主张。"邓艾知道司马昭怀疑自己，就写信去辩解。

钟会善于模仿别人的字迹，他派人在剑阁拦截了邓艾的奏章和书信，改写了其中的语句，使言辞显得狂悖傲慢，之后又毁掉司马昭的回信，换成让邓艾生疑的内容。接着，他趁热打铁，上书诬告邓艾谋反。

俗话说，道高一尺，魔高一丈，司马昭早就察觉到钟会的反常举动，决定将计就计，要钟会收押邓艾父子送来京城。

钟会怕吃亏，让与邓艾关系不好的卫瓘去收押。邓艾觉得自己对魏国忠心一片，打算入京向司马昭解释清楚，于是从容走上囚车，说："我可是忠臣啊！"

几天后，司马昭又写信给钟会说："我担心邓艾不肯接受惩罚，你这边应付不来，所以派贾充带一万人前来帮忙，随后我再带十万大军来支援你。"

钟会也不傻，对付一个邓艾哪需要这么多人马，司马昭这是冲自己来的，于是打算起兵。他召集部将，说："我们率领军队杀回北方，灭了司马昭，如果成功，可以取得天下，失败了还可以当第二个刘备。"胡烈等将领不同意，当即被囚禁起来。姜维建议将他们全都杀死，钟会却犹豫不决。事情一拖再拖，那些被关押的将领趁机反击，杀死钟会与姜维。卫瓘也趁乱将邓艾父子杀死。

这场大乱之后，刘禅全家都被迁到洛阳。由于临行仓促，他身边没有随侍的大臣，只有秘书令郤（xì）正和武官张通抛妻弃子，只身相随。

　　到了魏国后，刘禅被封为安乐公，全靠郤正在旁边引导帮助，他的言行举止才全部符合礼仪。刘禅因此叹道："哎呀，我了解郤正太晚了！"

　　一天，因灭蜀之功被封为晋王的司马昭大宴宾客，刘禅和蜀国

旧臣也受邀参加。酒席间，司马昭命人为他们表演蜀国的歌舞，蜀国旧臣听了，都伤心得流下了眼泪，刘禅却高高兴兴，跟平时一样。

司马昭一直观察着刘禅，回去后，对心腹贾充说："一个人无情无义，竟然到了这种程度；即使诸葛亮还活着，也不能辅佐他长久

平安，何况姜维呢！"

过了几天，司马昭又问刘禅："你还思念蜀国吗？"

刘禅说："我在这里很快乐，不思念蜀国。"

郤正听了，心里很难受，就悄悄对刘禅说："下次如果晋王再这样问，您应当哭着说：'我祖先的坟墓，还在遥远的蜀地，我没有一天不思念故地。'然后闭上眼睛。"

不久，司马昭果然又问刘禅同样的问题，刘禅按照郤正教的那样回答，然后闭上眼睛，可努力了半天，却挤不出一滴眼泪。

司马昭诈他说："咦，你这话怎么像郤正说的？"

刘禅惊讶地睁开眼，说："啊，这就是郤正教的，您怎么知道的呀？"

魏国的大臣们听了，都哈哈大笑，司马昭也忍不住笑了，心想："刘禅这样没心没肺的人，根本不值得担心！"

成语学习

乐 不 思 蜀

蜀，蜀地。指在新环境中得到乐趣，不再想回到原来的环境中去。

造　句	你去了英国，可别乐不思蜀，
	将来学成之后，一定要回来报
	效祖国。
近义词	乐而忘返、乐不可支
反义词	恋恋不舍、落叶归根